KB251980

예배와 삶의 일치

브라더 앤드류

브라더 앤드류

루이스 부부 지음
홍 원 팔 옮김

비전북출판사

 예배와 삶의 일치

복음에는 하나님의 의가 나타나서

믿음으로 믿음에 이르게 하나니; 기록된바,

"오직 의인은 **믿음**으로 말미암아 살리라" 함과 같으니라.

로마서 1 : 17

브라더 앤드류

1판 1쇄 인쇄 : 2004년 3월 20일
1판 1쇄 발행 : 2004년 4월 10일

저　자 : 루이스 부부
역　자 : 홍 원 팔
발행인 : 이 원 우　/　발행처 : **비전북출판사**
주　소 : (411-834) 경기도 고양시 일산구 장항동 585-2호
전　화 : (02)966-3090　/　팩　스 : (02)3293-6620

E-mail : vsbook@hanmail.net
등록번호 : 제10-1452호

공급인 : 박 종 태　/　공급처 : **비전북**
전　화 : (031)907-3927　/　팩　스 : (080)403-1004

Copyright ⓒ 2004 **비전북출판사** Printed in Korea
값 4,000원

ISBN 89-5750-007-3　03230

TODAY'S HEROES

Brother Andrew

by

Gregg & Deborah Shaw Lewis

[차례] CONTENTS

모험을 찾아서

앤드류는 자신의 부서진 나막신을 내려다보았습니다. 그는 자기의 나막신으로 자신의 친구 키스Kees의 머리를 때렸습니다. 그는 지금 곤란을 당하고 있습니다.

앤드류와 키스는 전쟁놀이를 하고 있었습니다. 그러나 지금으로서는 자기들이 좋아하던 게임을 잊어버렸습니다. 제 2차 세계 대전이 발발하기 전, 네덜란드에서 살고 있던 대부분의 소년들처럼 앤드류에게는 한 켤레 이상의 신발을 살 여유가 없었습니다. 그래서 그는 대장장이였던 그의 아버지에게 부서진 신발을 가지고 갔을 때, 꾸중을 들을 각오를 하고 있었습니다.

"앤드류, 더욱 조심을 해야지!"

그의 아버지는 귀가 약간 어두웠기 때문에 큰 소리로 말씀하셨습니다. 앤드류는 아버지의 말씀을 듣고 고개를 끄덕였습니다.

그러나 조심하고 싶지는 않았습니다.

그는 적군의 후방에 침투하는 스파이나 폭파 활동을 하다가 위험을 당하는 비밀요원처럼 미래의 모험가가 되기를 꿈꾸고 있었습니다.

그러나 지금으로서는 그 자신이 모험을 만들어야만 했습니다. 매 주일마다 앤드류의 가족은 교회에 갔습니다. 그리고 아버지께서 귀가 어두웠기 때문에 앞자리에 앉았습니다. 그러나 두 분 부모님, 2명의 자매들, 그리고 4명의 형제들이 앉기에는 의자가 너무 비좁았으므로 앤드류는 항상 다른 가족들을 먼저 자리에 앉게 했습니다. 그리고 나서 뒷자리를 찾는 척하고는 뒷문으로 빠져 나왔습니다.

예배 시간 동안에 들판에서 놀거나 겨울에는 얼어붙은 냇가에서 스케이트를 탔습니다.

예배가 끝날 때쯤, 그는 몰래 기어들어 와서 교인들이 빠져나갈 때, 그는 나중에 변명할 수 있는 정보를 수집했습니다. 만약에 어떤 사람이 "목사님, 시편 120편에 대해 좋은 설교를 해 주셨습니다!"라고 말한다면 그것은 앤드류에게 유용한 정보가 되었습니다. 나중에 집에 갔을 때, 그는 아버지와 다른 가족들이 들을 수 있게 큰 소리로 "목사님이 시편 120편에 대해 좋은 설교를 해 주셨지요?"라고 말했습니다.

앤드류가 예배 시간에 거의 참석하지 않는다는 사실을 아무도 눈치 채지 못했습니다.

앤드류가 좋아하는 모험 대상의 "적군들" 중에 휘츠트라 Whetstra 가족이 있었습니다. 그들은 독일과 전쟁의 가능성에 대해 이야기한 최초의 사람들이었지만 다른 사람들은 그것에 대해 생각하기를 원하지 않았습니다. 앤드류는 나치에 대한 그의 불길한 경고를 좋지 않게 생각했습니다. 휘츠트라 가족은 정직한 크리스천들로서 그들이 "주님의 뜻"이나 "하나님의 축복"에 대해서 말할 때, 앤드류는 귀찮게 느껴졌습니다.

어느 날, 앤드류가 동네 골목길을 걷다가 휘츠트라 부인이 쿠키 팬을 스토브에 집어넣는 것을 창문으로 들여다보았습니다. 그리고 다른 유리창 하나가 벽에 세워져 있는 것이 눈에 들어 왔습니다. 그것은 휘츠트라 가족에게 골탕을 먹일 수 있는 좋은 기회였습니다. 그는 집 안으로 몰래 기어 들어가서 유리창을 꺼내왔습니다. 그리고 위테Witte 마을의 다른 모든 집들처럼 초가지붕에 세워둔 사다리로 기어올라가 유리창으로 굴뚝을 덮었습니다.

앤드류는 재빨리 사다리에서 내려와 길 건너편에 숨어서 지켜보았지만 오래 기다릴 필요는 없었습니다. 연기가 부엌에 가득 차 창문 밖으로 쏟아져 나왔습니다. 휘츠트라 부인은 비명을 지르며 밖으로 나와 굴뚝을 쳐다보았습니다. 그녀가 사다리를 타고 올라가 유리창을 제거할 때, 앤드류는 그의 "적군들"에 대한 은밀한 승리에 미소를 지었습니다.

앤드류 가족은 4명의 형제들과 2명의 자매들이 있었는데 그들의 이름은 바스틴, 벤, 앤드류, 코넬리우스와 겔체와 마르체였습니다. 앤드류는 특히 큰형인 바스틴을 좋아했으며 사람들은 그를 "바스" 라고 불렀습니다. 바스는 앤드류보다 6살이 더 많았습니다. 그러나 그는 다른 형제들과 같지 않았습니다. 그는 발달 장애를 겪고 있었기 때문에 말을 하거나 혼자서 옷을 입을 수가 없었습니다. 그것은 그가 학습능력이 없다는 의미였습니다.

바스는 날씨에 관계없이 매일 아침 집을 나와 큰길 가에 있는 느릅나무 아래로 갔습니다. 그리고 가족 중의 한 사람이 저녁을 먹으라고 집으로 데리고 갈 때까지 하루 종일 그 자리에서 지나가는 사람들에게 미소를 보냈습니다. 사람들은 고개를 끄덕이면서 "아, 바스구나!" 라고 슬프게 말해 주었는데 그 말은 바스가 할 수 있는 유일한 말로서 너무나도 자주 들었기 때문이었습니다. 저녁 때에 앤드류의 가족들이 거실에 있는 오르간 주위에 모이면 바스는 건반 밑으로 기어 들어가 아버지의 서툰 연주를 듣기 위해 귀를 갖다 댔습니다.

바스는 건반 밑에 있었기 때문에 아버지의 손을 볼 수 없었지만 그것은 아무런 문제가 되지 않았습니다. 몇 가지 노래를 부르고 난 후에 바스가 일어서면 아버지께서 바스를 의자에 앉히셨습니다. 바스는 악보를 볼 줄 몰라 자주 찬송가를 거꾸로 놓았습니다. 그러나 그는 아름답고도 감정을 넣은 노래를 완벽하게 연주함으로써 이웃 사람들이 그것을 듣기 위해 창문가에 모여들었습니다.

앤드류는 작은형인 벤과 같은 침실을 사용했습니다. 벤은 이웃 사람들의 심부름을 해 주거나 학교 선생님댁의 정원 일을 도와주고 돈을 벌었습니다. 그는 방에 보관해 둔 돼지 저금통에 돈을 모았습니다.

어느 날, 앤드류는 그의 다음 번 모험으로 벤이 숨겨둔 보물을 훔치기로 결심했습니다. 돼지 저금통에서 1길더Guider 에 해당하는 돈을 빼내는 데는 긴장된 15분이 걸렸습니다. 그러나 그것은 신나는 일이었습니다. 그러나 앤드류는 문제가 있다는 사실을 깨달았습니다. 1길더는 25센트의 가치를 지니고 있었는데, 1930년대 어린이가 갖기에는 너무 큰 돈이었습니다. 만약에 그가 그 돈을 가지고 과자 가게에 간다면 주인은 어디서 났는지를 반드시 물어 볼 것입니다.

그래서 앤드류는 계획을 세웠습니다. 그 다음날, 그는 그 돈을 자기가 다니던 학교의 여교사인 미클Meekle 선생님에게 보여 주면서 길거리에서 주웠다고 말했습니다.

"제가 가져도 될까요?"

"경찰서에 갖다 줘. 그러면 어떻게 해야 하는지를 가르쳐 줄 거야!"

앤드류는 마음에 내키지 않았지만 별일이 없기를 바라면서 그 돈을 경찰서에 가지고 갔습니다. 경찰서장은 그의 말을 믿었습니다. 그는 그 돈을 봉투에 집어넣고 겉봉에 앤드류의 이름을 적어 놓았습니다. 그리고 1년 이내에 주인이 나타나지 않으면 그의 것이 될 것이라고 말했습니다.

1년 후, 그는 그 돈을 찾아 과자 가게로 갔습니다. 그러나 그 1년 동안 벤은 결코 앤드류가 훔쳐간 돈을 찾지도 않고 아쉬워하지 않았습니다. 그것이 이 에피소드를 모험이 아니라 흔한 도둑질로 만들어 버렸습니다.

　브라더 앤드류

더 이상 게임이 아니다

앤드류가 10살이 되었을 때 더 많은 사람들이, 어린이들의 게임이 아니라 실제적 가능성으로서의 전쟁에 대해서 말하기 시작했습니다. 그리고 이제는 모든 사람이 독일을 실제적인 위협으로 생각했습니다.

위테 마을의 대부분 가정들은 라디오에서 흘러나오는 뉴스에서 가끔씩 독일의 통치자 아돌프 히틀러Adolf Hitler의 사나운 음성을 들었습니다. 그러나 위테 마을 사람들은 처음에는 큰 목소리를 가진 그 작은 사람과 적개심으로 가득 찬 메시지를 우습게 생각했습니다.

그러나 네덜란드 사람들은 히틀러가 체코슬로바키아를 점

령하고, 소련과 조약 맺는 것을 구경만 했습니다. 그리고 독일은 폴란드와 전쟁을 시작하여 한 달 이내에 **전격전**으로 그 나라를 점령했으며, 그 다음에는 노르웨이와 덴마크를 점령했습니다. 위테 마을의 주민들은 히틀러가 네덜란드를 중립 지역으로 남겨 두기를 바랄 뿐이었습니다.

앤드류의 집에서는 또 다른 전투에 관심이 집중되었습니다. 그의 형인 바스가 폐결핵과 싸우고 있었습니다. 앤드류는 바스가 끊임없이 기침을 하고 수개월이 지나자 서서히 그 전투에서 패배하는 것을 지켜보았습니다.

11번째 생일이 지난 어느 날, 앤드류는 만일 바스가 죽는다면 자기도 더 이상 살고 싶지 않다는 생각으로 자기도 그 병에 걸릴 작전을 세웠습니다. 앤드류는 바스를 보기 위해 그의 방으로 몰래 숨어 들어갈 기회를 엿보고 있었습니다. 폐결핵은 전염성이 매우 강했기 때문에 그것은 금지된 일이었습니다.

앤드류는 그의 어머니가 부엌에서 바쁘게 일하실 때까지 기다렸다가 바스의 방으로 숨어 들어가 그에게 여러 번 뽀뽀를 했습니다. 그러나 그의 작전은 성공하지 못했습니다. 두 달 후에 바스는 죽었습니다. 그러나 앤드류는 이전처럼 건강하게 살았습니다.

그 다음 몇 달 동안, 네덜란드는 전쟁을 준비하기 시작했는데 독일의 침략을 지연시키기를 바라면서 시민들의 분통을 터지게 만드는 어떤 일을 했습니다. 즉, 제방을 폭파하기 시작한 것이었습니다. 수세기 동안에 네덜란드는 습지, 즉 바다로 덮인 지역 주위에 진흙 벽을 세웠습니다. 그리고 나서 물을 퍼내어 간척지를 만들었습니다. 제 2차 세계 대전이 일어날 때까지 수많은 사람들이 바다로부터 개간한 이 풍요로운 땅에서 살며 농사를 지었습니다. 따라서 제방을 파괴했을 때, 그 땅은 다시 바닷물로 넘쳐흘렀고 많은 사람들이 집을 잃어버렸습니다.

그러나 이 값비싼 전략은 독일의 공격을 지연시키지 못했

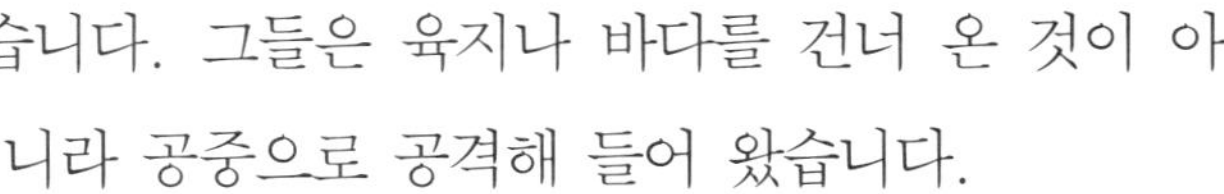

습니다. 그들은 육지나 바다를 건너 온 것이 아니라 공중으로 공격해 들어 왔습니다.

앤드류의 12번째 생일날, 독일 **공군**은 위테 마을 근처에 있는 작은 군사 비행장을 폭격했습니다. 앤드류는 비행기들이 머리 위로 날아다니는 것과 5km 밖에서 들려오는 폭발음에 진저리를 쳤습니다. 그 다음 며칠 동안 사람들은 집안에 모여서 라디오 뉴스를 들었습니다. 그들은 독일이 온 나라의 공항들을 폭격했으며, 독일군이 네덜란드의 주요 도시들에 낙하했고, 전략적인 위치에 있는 교량들을 탈취했으며, 독일 **공군**이 공습을 가한지 한 시간 만에 로테르담 시가지 전체를 파괴했다는 소식을 들었습니다.

그 다음날, 네덜란드는 항복을 했습니다. 전쟁은 더 이상 어린아이들의 장난이 아니었습니다. 앤드류의 모험심도 심각해졌습니다.

위테 마을은 너무나 작아서 히틀러의 최정예군이 필요하지 않았습니다. 한 명의 나치 대위와 몇 명의 늙은 군사들이 그 마을의 독일 점령군의 역할을 했습니다. 그러나 앤드류에게 있어 그들은 "적"으로서 충분했습니다.

앤드류는 저항의 모험을 시작하기 위해 새벽 2시에 집을

  브라더 앤드류

빠져 나왔습니다. 그는 부엌 찬장에서 적은 양의 설탕을 훔쳐 연료 탱크에 집어넣어 점화플러그를 더럽힘으로써 나치 대위의 자동차 엔진을 멎게 했습니다.

그 일에 성공을 거두자 앤드류는 더욱 대담한 일을 벌이기로 작정했습니다. 그는 공급 부족에 시달리는 귀한 야채들을 한 바스켓 모아서 가까운 도시로 향했습니다. 그는 그것들을 불꽃놀이 폭탄과 교환하여 바스켓 밑바닥에 넣고 꽃으로 덮어 집으로 가지고 왔습니다.

그 날 밤에 앤드류는 집을 빠져나와 벽에 바짝 붙어 서 있었습니다. 4명의 독일군들이 거리를 왔다 갔다 하며 건물마다 후레쉬를 비추며 순찰을 돌고 있었습니다. 그는 있는 힘을 다해 길거리를 달려 대위의 숙소 입구에 불꽃놀이 폭탄을 설치했습니다. 앤드류는 순찰대가 돌아설 때를 기다렸다가 퓨즈에 불을 붙였습니다. 그리고는 도망갔습니다.

"정지!" 앤드류는 총알을 장전하는 소리를 들었습니다. 그는 죽을 힘을 다해 달리기 시작했습니다. 불꽃놀이 폭탄이 터지자 독일군들은 뒤를 돌아다보았습니다. 그 기회를 타서 앤드류는 다리를 가로질러 양배추 밭에 몸을 던졌습니다. 독일군들이 위테의 거리를 오르내리며 수색하는 동안 그는 한 시간 가량 그 곳에 숨어 있었습니다. 마침내 독일군들이 포기를 했을 때, 그는 몰래 집으로 돌아올 수 있었습니다.

어느 날, 앤드류는 붙잡혔습니다! 독일군이 "네가 바로 그 놈이지!" 라고 말했을 때, 그는 한 손에는 불꽃놀이 폭탄을, 다른 한 손에는 성냥을 가지고 있었습니다.

앤드류는 불꽃놀이 폭탄과 성냥을 손에 꼭 쥐었습니다. 그는 그것들을 주머니에 집어넣을 여유가 없었습니다. 그러나 아마 독일군들은 그의 주머니를 맨 먼저 뒤졌을 것이었습니다.

"네가 불꽃놀이 폭탄을 터뜨렸지?" 라고 독일군이 다그쳤습니다.

"불꽃놀이 폭탄이라고요? 저는 아니에요!" 라고 앤드류는 대답했습니다. 그는 불꽃놀이 폭탄과 성냥을 여전히 손에 쥔 채 그의 코트 깃을 잡았습니다. 그리고는 그의 코트를 열어 독일군이 검색을 하게 했습니다. 독일군이 철저하게 검색했습니다. 그러나 앤드류의 손을 검사할 생각은 전혀 하지 못했습니다. 결국 독일군은 앤드류를 보내 주었습니다. 그의 손은 땀으로 흠뻑 젖어 불꽃놀이 폭탄과 성냥은 더 이상 사용할 수 없게 되었습니다.

독일군에 대한 앤드류의 모험은 매우 신나는 일이었습니다. 그리고 그의 짓궂은 장난은 그리 달라지지 않았습니다. 나치는 근처 도시의 인질들을 잡아와서 한 줄로 세워놓고 총

을 쏘았습니다. 남자들과 소년들은 포로로 잡혀 강제노동수
용소에 끌려가지 않으려고 숨었습니다. 앤드류의 형인 벤도
전쟁이 일어난 첫 달에 잠적해 버렸습니다. 그리고 그의 가
족들은 5년 동안 그의 소식을 듣지 못했습니다.

나치의 새로운 꼭두각시 정부는 라디오를 소유하는 것을 불
법으로 만들었습니다. 그래서 앤드류의 가족은 한 번에 한 사
람씩 들어가 뉴스를 들을 수 있는 은밀한 장소에 라디오를 숨
겼습니다. 그리고 그들은 그 은밀한 장소에 가끔씩 독일에서
도망쳐 나온 사람들을 숨겨 주었습니다. 그들은 대개 유대인
들이었으며, 네덜란드 철도가 파업 했을 때에는 철도 노동자
들도 있었습니다.

앤드류가 14살이 되기 전에 독일은 노동자들을 구하기에
혈안이 되어있었습니다. 독일군 트럭이 마을로 들어와 길을
봉쇄했습니다. 독일군들은 신체 건강한 사람들을 붙잡아 강
제노동수용소로 끌고 갔습니다. 앤드류는 다른 사람들과 함
께 들판을 가로지르고, 냇가를 뛰어 넘으며, 습지를 향해 달
려갔습니다. 그들이 냇가에 뛰어들어 헤엄을 쳐 반대편으로
기어오를 때마다 추위에 몸을 떨었습니다.

앤드류의 아버지는 여전히 그의 정원에서 일을 하고 있었
습니다. 그러나 자주 독일군들이 찾아와 식량을 빼앗아 갔습

니다. 앤드류의 가족은 그들의 정원에 있는 튤립의 둥근 뿌리를 캐서 감자처럼 먹었습니다. 전쟁이 끝나갈 무렵에는 튤립도 바닥이 났고, 앤드류의 어머니는 굶어서 쓰러졌습니다.

마침내 1945년 봄, 연합군 중에 캐나다군이 위테 마을을 해방시켰습니다. 앤드류는 8km 떨어진 곳에 있던 캐나다군 캠프를 향해 있는 힘을 다해 달려갔습니다. 그는 자기 어머니를 굶주림으로부터 구해 드리기 위해 그 곳에서 딱딱한 빵 껍질 한 자루를 얻어 "식량이다! 식량이다!" 라고 외치며 집으로 달려 왔습니다.

전쟁의 상처

전쟁이 끝난 직후, 어느 날 오후에 앤드류의 누이 동생인 겔체가 아버지께서 찾으신다고 말했습니다. 앤드류는 자신의 아버지가 양배추 밭에서 잡초를 제거하고 있는 것을 발견했습니다.

앤드류는 평상시처럼 큰 소리로 말했습니다.

"아버지, 저를 찾으셨나요?"

그의 아버지는 허리를 펴고 일어서서 자신의 아들을 쳐다보았습니다. "너도 이제 17살이 되었다!"

"예, 아버지!"

"너는 무엇을 할 계획이냐?"

“잘 모르겠습니다!”

그는 자기 아버지처럼 대장장이 일을 하기 원하지 않았습니다. 그것은 매우 따분한 일이라고 생각했습니다.

그의 아버지는 간단하게 “이제 직업을 선택해야 할 때가 되었다. 가을까지는 결심을 해 주기 바란다.” 라고 말씀하셨습니다. 그것이 대화의 끝이었습니다.

앤드류가 간절히 원한 것은 위테라는 작은 마을을 벗어나 모험을 찾는 것이었습니다. 그러나 그의 선택은 제한적일 수밖에 없었습니다. 그는 독일군이 학교 건물을 점령한 6학년 때에 학교를 중단했습니다.

유일하게 앤드류가 진정으로 좋아한 것은 달리기였습니다. 그날 오후에 그는 간척지를 가로질러 수 km를 제방을 따라 맨발로 달리면서 그의 생각을 굳혔습니다. 신문은 네덜란드로부터 독립을 요구하는 동인도 제도에 대한 이야기로 가득 찼습니다. 그 제도는 300년 이상 네덜란드의 식민지였고, 네덜란드 국민들은 그 식민지를 계속 소유하기를 원했습니다.

그날 밤에 앤드류는 그의 아버지와 가족들에게 자기가 무슨 일을 할 것인가를 알아냈다고 선언했습니다.

“전 군대에 가겠습니다. 그리고 동인도 제도로 가겠습니다!”

앤드류의 어머니는 군대에 대해서 너무나도 잘 알고 있었기 때문에 놀라서 숨이 막힐 지경이었습니다.

그녀는 "오, 앤드류 우리가 항상 죽음에 대해 생각해야만 하느냐?"라고 말씀하셨습니다. 그러나 아버지와 형제들은 그의 뜻을 지지했습니다.

그 다음 주에 앤드류는 아버지의 자전거를 빌려 타고 암스테르담에 있는 신병 모집처로 달려갔습니다. 머지않아 그는 낡고 몸에 맞지도 않는 군복을 입고 점잖게 위테 마을로 돌아 왔습니다. 그는 이제 군인이 되었습니다. 그리고 식민지를 너덜란드 여왕에게 돌려주기로 결심했습니다.

마을 사람들 중에서 박수 갈채를 보내지 않은 유일한 사람들은 휘츠트라 가족이었지만 휘츠트라 씨는 "안녕, 앤드류!"라고 인사를 건넸습니다.

"안녕하세요, 휘츠트라 씨!"

그러나 그는 군복을 쳐다보지도 않았습니다.

앤드류는 "저는 군에 입대했습니다. 동인도 제도로 갈 것입니다!"라고 말했습니다.

휘츠트라 씨는 벽에 기대서서 그를 주의 깊게 훑어보았습니다. "그래, 알아. 모험을 위해 떠나는군. 너를 위해 기도할게. 너의 모험이 만족스러운 것이 되기를 기도할게!"

앤드류는 그것이 이상한 반응이라고 생각했습니다. 그 어떤 모험이라도 그의 나머지 인생 동안 위테 마을에 쳐 박혀 있는 것보다는 더 만족스러울 것이었습니다.

기본적인 훈련은 생각보다 더 어려웠습니다. 그러나 앤드류는 그것을 좋아했습니다. 그는 인생에 있어서 처음으로 자기가 원하는 일을 하고 있었습니다. 그리고 그는 마침내 성인 대접을 받았습니다.

1946년 11월 22일은 앤드류가 집에 머문 마지막 날이었습니다. 그의 어머니가 그를 껴안고 작별인사를 할 때에 앞치마 밑에서 성경책을 끄집어냈습니다.

"이것을 항상 가지고 다니면서 읽어라!"

그는 거절 할 수가 없었습니다. 그는 성경책을 옷가방 깊숙이 집어넣고는 까맣게 잊어버렸습니다.

앤드류가 탄 군 수송선은 1946년 크리스마스 직전에 인도네시아에 도착했습니다. 다른 군인들과 함께 앤드류는 특별 게릴라 훈련을 받기 위해 가까운 섬으로 보내졌습니다. 그의 집에서 지구를 반 바퀴 돈 지점에 있는 이국적인 열대 파라다이스에서 지내는 경험은 신나고도 도전적인 게임 같았습니다. 적어도 그의 부대가 처음으로 전투 명령을 받기 전까지는 그랬습니다.

어느 날 새벽에 앤드류와 그의 동료들은 한 무리의 게릴라들을 구출하기 위해 전방으로 날아갔습니다. 소문에 의하면 그 부대의 4분의 3이 죽었다고 했습니다. 앤드류는 곧 자기가 이 모험을 좋아하지 않는다는 것을 깨달았습니다. 그를 괴롭힌 것은 위험이 아니었습니다. 그는 그것을 좋아했습니다. 그러나 그를 괴롭힌 것은 사람을 죽이는 것이었습니다. 그는 더 이상 표적지를 쏘는 것이 아니라 진짜 사람들, 즉 자기 아버지나 형제와 같은 사람들을 쏘게 되었습니다.

하루 종일 전투를 하고 난 후, 그는 어두운 정글 속에 누워 '내가 뭣하러 여기에 왔나?' 라고 생각했습니다.

3주 동안 매일 전투를 치르고 난 어느 날, 앤드류의 부대는 어떤 평화롭게 보이는 마을을 지나갔습니다. 그때 그의 동료들 중의 한 사람이 대인지뢰를 밟았습니다. 그와 같은 지뢰는 군인들이 가장 두려워하는 것이었습니다. 그것이 폭발하면 끔찍스럽게 피를 흘리며 죽거나 평생 동안 불구자가 되었습니다. 따라서 그것의 폭발이 있었을 때, 부대원 전체가 난폭해졌습니다. 명령도 없고, 생각할 여유도 없이, 모든 사람들이 총을 쏘기 시작했습니다. 그들은 눈에 보이는 모든 것을 쏘았습니다.

마침내 사격을 끝냈을 때, 그 마을에는 살아있는 것이라고는 아무 것도 남지 않았습니다. 군인들은 지뢰밭을 조심스럽

게 피해 자기들이 방금 파괴한 마을을 지나갔습니다. 마을 변두리에서 앤드류는 젊은 인도네시아 여인의 시신에 걸려 넘어졌습니다. 그녀는 갓난아기를 가슴에 안고 피가 흥건하게 고인 땅 위에 누워 있었습니다.

한 발의 총알이 그 두 사람을 죽였습니다. 그것이 그의 총알이었나? 앤드류는 결코 알지 못했습니다. 그러나 나머지 일생 동안 그 질문은 그의 머리를 떠나지 않았습니다.

그 후, 앤드류는 마치 살고 죽는 것에 대해서는 신경을 쓰지 않는 자처럼 행동했습니다. 그는 전투지에서 무모하고도 미친 듯이 싸우는 것으로 유명해 졌습니다. 그는 노란색 밀짚모자를 쓰고 전투지에 나갔습니다. 그것은 "나 여기 있다! 나를 쏘아라!"고 말하는 것과 같았습니다.

앤드류는 전쟁에 대해서 자기와 같은 반응을 보이는 사람들을 끌어 모았습니다. 그들은 게시판에 자기들의 모토를 걸어놓았습니다. "미친 듯이 싸워라!" 그들이 싸움을 할 때에는 마치 미친 사람처럼 싸웠고, 술을 마실 때에는 만취할 때까지 마셨습니다.

앤드류는 술에서 깨어날 때에는 자기가 왜 그토록 무모하

 브라더 앤드류

게 행동하는지 이상하게 생각했지만 그는 결코 그 질문에 대답할 수 없었습니다. 그는 자기의 혼란한 감정에 대해서 집으로 편지를 썼습니다. 그러나 답장을 보내는 사람들은 모두 "너는 조국을 위해서 싸우고 있다. 따라서 나머지 일들은 아무런 문제가 되지 않는다." 라고 말했습니다. 그러나 그는 죄책감을 떨쳐버릴 수가 없었습니다. 그것은 마치 쇠사슬처럼 그를 감싸고 있었습니다. 그리고 술 마시는 것, 싸우는 것, 편지를 쓰는 것, 답장을 읽는 것 등과 같은 행동들도 그것의 압박감을 완화시켜 주지 못했습니다.

어느 날, 앤드류는 자카르타시에서 휴가를 보내고 있었습니다. 그가 시장을 걷고 있을 때, 장대 끝에 앉아서 과일을 먹고 있던 긴팔원숭이가 그의 어깨 위로 뛰어 올라와 그에게 오렌지 조각을 건네주었습니다. 앤드류가 웃었을 때, 인도네시아 상인이 달려 왔습니다. "이 원숭이가 당신을 좋아합니다!"

앤드류는 또 다시 웃었습니다. "얼마요?"

그들은 신속히 가격을 흥정했습니다. 앤드류에게는 새로운 애완동물인 원숭이 친구가 생겼습니다. 그런데 그는 곧 원숭이의 몸통에 상처 같은 것이 있는 것을 발견했습니다. 그는 원숭이를 침대 위에 내려놓고, 무엇이 문제인지 알아보기 위해 주의 깊게 털을 쓸어 내리는 동안 가만히 있으라고 말했습니다.

분명히 그 원숭이가 잡힐 때 어떤 사람이 그 허리를 철사로 묶어놓고는 풀어주지 않은 것이 드러났습니다. 그 원숭이가 성장하자 그 철사가 살을 파고 들어가 끔찍한 고통을 주었습니다.

그날 오후, 앤드류는 그의 면도칼로 원숭이의 몸통 주변에 난 털을 깎았습니다. 피부가 드러나자 붉게 상처 난 것이 보였습니다. 앤드류는 조심스럽게 피부를 잘라 철사를 노출시켰습니다. 놀랍게도 앤드류가 그 철사를 제거할 때까지 원숭이는 가만히 있었습니다. 그리고 그 작업이 끝나자 원숭이는 껑충껑충 뛰기도 하고, 수레바퀴도 돌리고, 앤드류의 어깨에 뛰어 올라 그의 머리카락을 잡아당기기도 했습니다.

그 후부터 앤드류와 원숭이는 절대로 떨어지지 않았습니다. 앤드류가 비번일 때에는 원숭이를 데리고 근처 숲 속을 오래 동안 달렸습니다. 원숭이도 앤드류의 뒤에서 달렸습니다. 원숭이는 앤드류가 어깨 위에 올려놓을 때까지 앞으로 달리고, 뛰어 오르고, 앤드류의 셔츠를 움켜잡았습니다.

그들이 16내지 24km를 달린 후, 앤드류는 땅 위에 쓰러져 휴식을 취했습니다. 나무 위에는 항상 원숭이들이 있었습니다. 앤드류가 깨어서 돌아갈 때까지 원숭이는 나무 꼭대기로 올라가 그의 새로운 친구들과 잡담을 나누었습니다. 그 작은 원숭이가 부대 막사로 돌아가기 위해 앤드류의 어깨 위에 뛰어 내리면, 머리 위에서는 비명 소리가 나고 나뭇잎이 바스락거리는 소리도 들렸습니다.

어느 날 앤드류가 원숭이를 막사로 데리고 돌아 왔을 때, 집에서 온 편지를 발견했습니다. 그의 어머니가 돌아가셨다는 소식으로 앤드류는 울고 싶었습니다. 원숭이가 물을 마시는 동안에 막사를 빠져나와 자기가 어머니를 얼마나 그리워했는지를 생각하면서 허리가 아플 때까지 달렸습니다.

적에 대해 대대적인 공격을 감행할 것이라는 소식을 듣고 앤드류는 지프차를 갖고 있는 사람중에서 자신과 그의 애완동물을 정글로 데려다 줄 수 있는 사람을 찾았습니다. 그들이 차를 타고 갈 때에 그는 원숭이에게 자기가 왜 더 이상 원숭이를 키울 수 없는지를 설명해 주려고 노력했습니다. 그들이 멈추어 섰을 때, 그는 그의 작은 친구를 땅에 내려 놓았습니다. 긴팔원숭이는 지프차가 시야에서 사라질 때까지 슬프게 앉아서 바라보고 있었습니다. 앤드류가 원숭이를 보내 준 것은 매우 잘한 일이었습니다.

다음번 공격 시에 앤드류와 그의 동료들은 매복에 들어갔습니다. 갑자기 삼면에서 불길이 치솟았습니다. 앤드류는 돌아서서 퇴각하다가 쓰러졌습니다. 그의 오른쪽 군화에 두 개의 구멍이 생겼습니다. 그리고 그 두 개의 구멍에서 피가 쏟

아져 나왔습니다.

"나는 총탄에 맞았어!" 라고 그는 부르짖었습니다. 동료 병사가 그를 참호 속으로 밀어 넣었고, 2명의 의무병들이 도착하여 그를 들것에 실었습니다. 앤드류는 여전히 그의 노란 밀짚모자를 쓰고 있었으며 그것을 벗기를 거부했습니다.

병원에서 앤드류는 의사들이 절단수술에 대해 의논하는 말을 들었습니다. 그러나 다행하게도 그들은 2시간 반 동안 그의 발을 꿰매는 수술을 했습니다. 간호사는 그의 노란 밀짚모자를 벗으라고 말했습니다. 그러나 그는 거절했습니다.

의사들 중의 한 사람이 말했습니다.

"그것이 무엇인지 모릅니까? 그것은 부대의 상징입니다. 이들은 분노하고 미친 사람들입니다!"

앤드류는 노란 밀짚모자를 쓴 모험에도 실패했습니다. 머리통이 아닌 발을 다쳤기 때문이었습니다.

그는 흥분과 명예를 찾아서 인도네시아에 왔습니다. 그러나 결국 모든 사람들과 모든 사물들에 대해 분노하는 가운데서 영광의 죽음 또는 어리석음에 몸을 내맡겼습니다. 그는 그것에 대해 개의치 않았습니다.

그는 비록 불구의 몸이 되었을지라도 살아서 집으로 돌아갈 수 있었습니다. 그의 모험은 완전히 실패로 돌아갔습니다.

귀향

어느 날, 앤드류는 그의 좁은 병원 침대에서 깁스를 하고 있는 오른쪽 다리를 두드리고 있었습니다. 그러다가 갑자기 팔을 뻗어 성경책을 집어 들었습니다. 그의 친구들 중 한 사람이 앤드류의 가방에서 돌아가신 그의 어머니가 주신 작은 성경책을 발견하고는 그것을 침대 곁에 있던 테이블 위에 올려놓았었습니다.

앤드류는 그의 어머니가 그에게 그것을 준 이후로 수년 동안 펴보지 않았습니다. 그러나 지금 그는 뒤에서부터 앞으로 천천히 책장을 넘기다가 결국 창세기 1장 1절에 도달했습니다.

앤드류는 몇 절씩 건너뛰면서 그것을 읽기 시작했습니다.

그러나 교회나 학교에서 들은 것보다 더욱 흥미롭게 기본적인 이야기를 읽어갈 수 있었습니다. 며칠 후에 마침내 신약에 도달했습니다.

앤드류는 단숨에 복음서들을 읽었습니다. 이것이 정말로 사실인가? 하나님께서 정말로 나를 사랑하셔서 그분의 독생자를 보내 앤드류의 죄를 위해 죽게 하셨는가?

수개월이 지나자 그의 깁스는 조금씩 제거되어졌습니다. 앤드류는 그의 흉측하게 주름진 다리를 응시하며, 바람같이 간척지를 달려 집으로 돌아오던 때를 추억하면서 많은 시간을 보냈습니다. 그는 결코 다시는 달리는 기쁨을 맛볼 수 없다는 사실을 알았고 그 사실에 대해 화가 났습니다.

그가 침대에서 일어나 조금씩 걸을 수 있을 만큼 상처가 치유되었을 때, 앤드류는 매일 저녁 병원을 나와 고통스럽게 절며 가까운 술집에 갔습니다. 그는 더 이상 자신의 고통과 분노를 느낄 수 없을 때까지 술을 마셨습니다.

마침내 그가 고국으로 돌아오기 전날, 앤드류가 좋아하던 간호사인 시스터 패트리스가 그에게 다가와 침대 옆에 놓여 있던 의자에 앉았습니다. 그녀는 "앤드류, 당신에게 해 줄 이야기가 있어요. 원주민들이 정글에서 어떻게 원숭이를 잡는지 아세요?" 라고 물었습니다.

그는 미소를 지으며 그의 애완동물이었던 원숭이를 생각했습니다. "아니요. 말해 주세요!"

"원주민들은 원숭이들이 원하는 것을 결코 놓지 않는다는 사실을 알고 있습니다. 그래서 그들은 코코넛 열매를 따다가 원숭이가 손을 집어넣을 수 있을 만한 구멍을 만듭니다. 그리고는 그 구멍 속에 조약돌을 집어넣고는 그물이 설치된 숲 속에 숨겨둡니다. 그러면 조만 간에 호기심 많은 작은 원숭이가 다가와 그 코코넛을 집어 들고는 그 속에서 조약돌이 달그락거리는 소리를 듣고 원숭이는 구멍 속을 들여다봅니다. 그리고 자기의 손을 집어넣고는 그 조약돌을 잡습니다. 그러나 원숭이가 그것을 끄집어내려고 할 때, 손에 든 것을 놓지 않고는 구멍에서 손을 뺄 수 없다는 것을 발견하게 됩니다. 그때 원주민들은 원숭이에게 그물을 덮어씌웁니다. 원숭이는 도망갈 수 없습니다. 왜냐하면 조약돌을 놓고, 코코넛으로부터 손을 빼내지 않기 때문입니다."

간호사는 앤드류의 눈을 똑바로 쳐다보았습니다. "앤드류, 당신은 자신을 속박하는 어떤 것을 잡고 있습니다. 그렇지 않습니까?"

그는 그녀가 의미하는 바를 알고 있었습니다. 그러나 앤드류는 그것을 인정하고 싶지 않았습니다.

그 다음날은 그의 21번째 생일이었습니다. 그날은 또한 병원선이 고국을 향해 항해하는 날이기도 했습니다. 그는 3년 전에 함께 인도네시아에 온 동료들 중에서 살아남은 사람들을 모두 그의 이별 파티에 초대했습니다. 앤드류를 포함해서 모두 8명이 살아남았습니다. 그들은 마음껏 떠들며 술을 마셨습니다.

앤드류가 위테 마을에 도착했을 때, 그는 절면서 천천히 집을 향해 발걸음을 옮겼습니다. 그의 큰누이 겔체가 "앤드류!"라고 외치며 다리를 가로질러 달려와 그를 껴안고 집으로 돌아온 것을 환영했습니다. 작은누이 마르체도 그에게 키

스를 했습니다. 다른 모든 사람들도 그의 주변에 몰려들었습니다. 그때 그의 아버지가 눈물을 흘리며 "앤드류, 내 아들아! 네가 집으로 돌아오다니…"라고 소리치면서 집 모퉁이를 돌아 나오셨습니다.

그의 누이들이 어머니의 묘지를 가르쳐 주었습니다. 그날 저녁에 앤드류는 아버지의 자전거를 빌려 그의 아픈 다리를 안장에 걸치고 몸을 앞으로 밀었습니다. 절반은 타고 절반은 걸으면서 어머니의 묘지에 갔습니다.

그는 무덤 앞에 앉아서 조용히 말했습니다.

"엄마, 내가 돌아왔어요!" 그는 마치 어머니가 그 곳에 있는 것처럼 말했습니다. "엄마가 주신 성경책을 읽었어요. 처음에는 읽지 않았으나 결국에는 읽었어요!"

오랜 침묵이 흐른 후에 그는 또 다시 말했습니다.

"엄마, 이제는 무엇을 해야 할까요? 나는 이제 100m도 가지 못해 고통 때문에 멈추어 서야 합니다. 대장장이 일도 잘하지 못합니다. 나는 아무데도 쓸모가 없습니다. 다만 죄의식뿐입니다. 밖에서 보낸 인생에 대한 죄의식입니다. 대답해 주세요, 엄마!" 그러나 아무런 대답이 없었습니다.

그는 자전거를 타고 집으로 돌아 왔습니다. 그는 천천히, 그리고 고통스럽게, 사다리를 기어올라 다락방에 올라 갔습

니다. 그리고는 처마 밑에 있는 그의 낡은 침대
에서 잠을 잤습니다.

그 다음 날 아침에 앤드류는 지팡이를 집
고 마을을 한바퀴 돌았습니다. 휘츠트라 씨
가 그를 초대하여 커피를 대접했습니다. "앤드
류, 네가 찾았던 모험을 발견했니?"

"아니요!" 앤드류는 마루바닥을 응시했습니다.

"우리는 계속해서 너를 위해 기도해야 하겠구나!" 라고 휘
츠트라 씨가 말했습니다.

"지금도 나는 모험에 적합한 사람입니다!" 앤드류는 비통
하게 말했습니다. "그것이 찾아올 때 나는 절면서도 그것을
맞이하러 나갈 것입니다." 그러나 그 말을 하자마자 자신의
감정을 폭발시킨 것에 대해 당황했습니다.

그는 휘츠트라 씨의 집을 떠나 또다른 옛 친구인 키스Kees
를 방문했습니다. 그의 방에는 책이 가득 쌓여 있었습니다.
앤드류는 그 중의 한 권을 집어 들었습니다. 그것은 하나님
에 대한 것이었습니다.

"이게 뭐야?"

"나는 내 인생에 있어서 무엇을 해야 할지를 결정했어!" 라
고 키스가 말했습니다.

“그렇다면 너는 행운아야!” 앤드류는 그의 친구에게 말했습니다.

“그런데 그게 뭐야?”

“나는 목사가 되기를 원해!” 키스가 말했습니다.

앤드류는 과거의 경험이 너무나도 지겨웠기 때문에 될 수 있는 한 빨리 그 곳을 떠나고 싶었습니다.

며칠 동안 그의 가족들을 방문한 후에 앤드류는 재활치료를 더 받기 위해 두른에 있는 원호병원으로 갔습니다. 그는 치료 받기가 싫어졌고 전혀 호전되지 않았기 때문에 더욱 낙심하게 되었습니다.

수개월이 지나갔습니다. 어느 날 아침, 앤드류와 그의 동료 환자들은 침대에 앉아서 책을 읽거나 편지를 쓰고 있었습니다. 그때 간호사가 들어와서 누가 그들을 방문했다고 알려주었습니다. 병사들이 휘파람을 불기 시작할 때까지 그는 쳐다보지도 않았습니다.

“많은 시간을 빼앗지 않을게요!” 아름다운 금발 미녀가 말하기 시작했습니다. “나는 여러분을 오늘밤에 있을 우리의 천막집회에 초대하고 싶습니다. 버스는 7시에 떠날 것입니다. 모두 다 와 주시기 바랍니다.”

그녀가 그 방을 나갈 때에 병사들은 손뼉을 치며 환호했습니다. "앙코르! 앙코르!" 병사들은 시간에 맞추어 버스를 타려고 줄을 섰습니다. 앤드류도 앞자리에 섰습니다. 병사들은 예배를 드리러 가는 도중에 술 한 병을 다 마셨습니다. 그리고 기도하는 동안에도 큰 소리로 떠들고 웃으며 예배를 방해했습니다. 그녀는 갑자기 기도를 중단하고 합창단에게 "내 백성을 보내소서"라는 찬송을 불러달라고 요청했습니다.

예배가 끝나고 병사들이 병원으로 돌아가는 버스에 올라탄 뒤에도 그 찬송가의 가사가 앤드류의 마음 속에 메아리치고 있었습니다. "그들을 보내소서… 나를 보내소서."

그 다음날에 그는 네덜란드로 돌아 온 이후 처음으로 성경책을 집어 들었습니다. 그리고 그것을 읽기 시작했습니다. 이번에는 그의 어머니가 주신 성경책이 마치 모험 소설과 같았습니다. 앤드류는 그것을 탐독했습니다.

그가 또 다시 주말 동안에 집으로 돌아 왔을 때, 앤드류는 그의 방에서 성경책을 읽으며 많은 시간을 보냈기 때문에 그의 가족들이 걱정을 하기 시작했습니다. 그리고 예배 시간마다 교회에 나타나기 시작했을 때, 온 마을 사람들이 그를 주목했습니다.

몇 달 후에 앤드류는 마침내 제대를 했습니다. 그리고 퇴직금으로 새로운 자전거를 샀습니다. 그는 곧 아픈 다리는 그냥 걸쳐놓고 성한 다리로 페달을 밟는 법을 배웠습니다.

그는 옆 마을의 교회에도 참석할 수 있었습니다. 그는 주 중에도 매일 밤 예배를 드릴 수 있는 교회를 발견했습니다.

그의 누이 마르체가 마침내 그가 끊임없이 성경책을 읽는 것과 매일 밤 교회에 가는 것에 대해 정식으로 문제를 제기했습니다. "그것은 자연스러운 일이 아니야! 앤드류, 도대체 무슨 일이야?"

그는 미소를 지으며 그녀에게 말했습니다.

"나도 알았으면 좋겠어!"

앤드류는 절친한 친구인 키스, 그의 옛 스승인 미클 선생님, 그리고 휘츠트라 씨와 대화를 나누면서 더 많은 시간을 보내기 시작했습니다.

1950년 어느 어두운 겨울 밤 늦은 시간, 침대에 누워서 간척지에 흩날리는 진눈깨비 소리를 듣고 있었을 때, 그는 마치 바람 속에서 어떤 음성을 듣는 것 같았습니다. 그는 시스터 패트리스가 "결코 원숭이를 보낼 수 없어!" 라고 말하는 것을 들었습니다. 그는 또한 천막 속에서 "내 백성을 보내소서!…" 라고 노래하는 것도 들었습니다.

"나는 무엇에 매달리고 있는가?" 그는 자기 자신에게 물어보았습니다. "무엇이 내게 매달리는가?"

바람은 불고 다른 가족들은 모두 잠이 들었습니다. 앤드류는 반듯이 누워서 천장을 응시했습니다. 갑자기 해방되었습니다. 그의 고통, 그의 낙심, 그의 꿈, 그리고 다른 모든 것으로부터 해방되었습니다.

그는 나중에 그것에 대해 다음과 같이 설명했습니다.

"바람결을 통해 새로운 음성이 나에게 바보가 되지 말라고 고함을 쳤습니다. 나는 하나님께로 돌아섰습니다. 내 기도에는 그리 많은 믿음이 없었습니다. 나는 다만 '주님, 만약에 저에게 길을 보여 주신다면 당신을 따르겠나이다. 아멘.'이라고 말했을 뿐입니다. 그것은 그처럼 단순했습니다!"

앤드류는 그 기도가 전혀 새로운 모험의 시작이라고는 결코 알지 못했습니다. 그 모험은 그가 지금까지 경험했거나 상상한 그 어떤 것보다도 더 큰 것이었습니다. 그리고 그 모험은 그의 나머지 일생 동안 계속될 것입니다.

마침내 온전해지다

그 다음날 아침에 앤드류가 잠에서 깨어났을 때, 다른 가족들에게 간밤에 있었던 일에 대해 말해줄 것을 생각하니 너무나도 행복했지만, 그의 가족들은 이미 그에 대해서 걱정을 하고 있었습니다. 그래서 그는 휘츠트라 씨에게 찾아갔는데, 그는 즉시 이해해 주었습니다.

필립 휘츠트라는 "주님을 찬양합니다!" 라고 외쳤습니다. 그는 마치 앤드류가 전혀 이상하지 않은 일을 한 것처럼 행동했습니다. 그는 그것을 "중생Born Again"이라고 불렀습니다. 비록 앤드류는 그것이 무엇을 의미하는지 알지 못했을지라도, 휘츠트라 씨의 흥분이 그의 마음을 따뜻하게 해 주었습니다. 그리고 그가 한 일이 중요한 것이라는 사실을 깨닫게 해 주었습니다.

그의 친구 키스도 그것을 이해하는 것 같았습니다. 그는 앤드류에게 그 결과 어떤 변화가 생길지 관심 있게 지켜보겠다고 말했습니다.

몇 주 후에 앤드류와 키스는 유명한 설교자의 설교를 듣기 위해서 암스테르담으로 갔습니다. 설교가 거의 끝나갈 무렵 아르네 돈커Arne Donker 목사는 갑자기 설교를 중단하고 "친구들이여, 이 자리에 있는 어떤 사람이 하나님에 의해서 선교사로 부르심을 받았다는 감동이 듭니다!" 라고 말했습니다.

앤드류는 불편함을 느꼈습니다. 키스에게 "나는 이런 것을 싫어해. 나가자!" 라고 속삭였습니다. 그러나 그들이 복도를 향해 나아갈 때에 사람들이 쳐다보았습니다. 그래서 그들은 재빨리 자리에 앉았습니다.

"하나님께서는 그가 누구인지를 아십니다." 돈커 목사는 말했습니다. "그는 아마 젊은이라고 생각합니다!"

예배당에 있던 모든 사람이 주위를 둘러보았습니다. 움직이려고 생각도 하지 않았는데, 갑자기 무엇이 그들을 끌어당기기나 한 듯이, 앤드류와 키스는 자리에서 일어섰습니다.

"좋습니다!" 목사는 소리쳤습니다. "앞으로 나와 주시겠습니까?" 목사는 그들을 위해 기도해 주고 난 후, 예배를 마친 다음에 좀더 대화를 나누자고 말했습니다. 마침내 예배당이 텅 비었을 때, 그는 그들의 이름을 물었습니다. 그리고는 "당신들은 첫 번째 임무를 수행할 준비가 되어 있습니까?"라고 물었습니다.

그들이 대답도 하기 전에 그는 그들이 어디에서 왔는지를 물었습니다. "두 사람 다 위테에서 왔다고요? 좋습니다! 위테로 돌아가 시내 한복판에서 노방 집회를 개최하십시오. 그리고 성경적인 양식을 따르십시오!" 그는 그들을 안심시켰습니다. "예수님께서는 그분의 제자들에게 그들의 고향인 예루살렘에서 시작하여 복음을 전하라고 말씀하셨습니다."

돈커 목사는 두 청년들의 얼굴에서 충격을 받은 표정을 볼 수 있었습니다. 그래서 그는 재빨리 그들을 안심시켰습니다. "나도 당신들과 함께 갈 것입니다. 놀랄 필요는 없습니다. 곧 익숙해질 것입니다. 그리고 내가 먼저 설교를 하겠습니다… 그러면 날짜를 정합시다!"

앤드류는 "노!"라고 소리치고 싶었습니다. 그러나 입을 열었을 때에는 "예스!"라고 대답했습니다.

토요일이 되었을 때, 그 도시의 모든 사람이 나타난 것 같았습니다. 앤드류는 자기에게 미소를 보내는 몇몇 친숙한 얼굴들을 보았습니다. 어떤 사람들은 큰 소리로 웃었습니다. 휘츠트라 씨와 미클 선생님은 미소를 짓고 고개를 끄덕이며 격려를 해 주었습니다.

앤드류는 너무나도 신경이 곤두서서 돈커 목사나 키스가 말하는 것을 들을 수가 없었습니다. 그의 차례가 되었습니다. 그는 말하고자 계획을 세워두었던 것을 잊어버렸습니다. 그래서 그는 자기가 어떻게 죄의식을 느끼면서 인도네시아에서 고국으로 돌아왔는지를 말해 주었습니다. 또한 폭풍이 불던 밤에 "그 모든 짐들을 내려놓을 때까지" 얼마나 무거운 짐을 지고 있었는지도 말해 주었습니다.

그리고 계속해서 그 이후로 얼마나 자유로움을 느끼게 되었는지도 말해 주었습니다. "돈커 목사가 선교사가 되라고 말하기 전까지는 자유로웠습니다. 그러나 그 당시 나는 그의 말을 듣고 매우 놀랐습니다." 돈커 목사는 먼저 고향에서 선교사가 되라고 말했는데, 앤드류에게 있어서 그것은 의미 있는 말이었습니다. 그는 위테 근처에서 일자리를 구하려고 결심하며, 선교사가 될 수 있는지를 알아보았습니다.

그 지역에서 가장 큰 공장은 알크마르시에 있는 링거 씨의 초콜릿 공장이었습니다. 앤드류는 될 수 있는 대로 활기차게 사무실 문을 걸어 들어갔습니다.

　　인사 담당자는 앤드류에게 일자리를 주었습니다. 그가 할 일은 조립라인의 끝에서 나오는 박스들의 수를 세고 그것들을 선적실로 옮기는 것이었습니다. 어린 소년이 그를 조립실로 안내했습니다. 거기는 약 200명의 소녀들이 수십 개의 컨베이어 벨트에서 일을 하고 있었습니다. 그는 "여러분, 이 사람은 앤드류입니다. 잘해 보세요!"라고 말한 후에 그를 남겨두고 나갔습니다.

　　그의 소개가 끝나자 휘파람과 야유하는 소리가 들렸습니다. 앤드류는 당황하여 얼굴이 빨개졌습니다. 비록 수년 동안 군대에 갔다 왔을지라도 그날 아침에 그가 들은 것과 같은 더러운 말과 음란한 농담에 대해서는 대비할 수 없었습니다. 대부분은 그를 겨냥한 것이었습니다. 주동자는 그리체라는 목소리가 큰 소녀인 것 같았습니다. 그녀가 그를 너무나도 괴롭혔기 때문에 앤드류는 그의 수레를 가득 채워서 잠시 동안이라도 남자들만 일하는 평화롭고 조용한 선적실로 도피할 때까지 기다릴 수가 없었습니다.

　　그러나 그의 수레는 너무 빨리 비워졌고, 그는 조립실로 되돌아가야만 했습니다. 그의 첫 번째 수레에 대한 영수증을 관리자에게 내밀 때에 그는 '주님, 이곳이 나의 선교지 입니까? 제발 아니었으면 좋겠습니다!'라고 생각했습니다.

앤드류는 갑자기 멈추어 섰습니다. 관리실의 유리 칸막이 너머로 그에게 미소를 보내는 사람이 있었습니다. 그 눈길은 그가 본 것 중에서 가장 부드럽고 따뜻한 것이었습니다. 그 눈은 초록색이었습니다. 갈색이 아니었습니다. 그가 쳐다보았을 때 눈의 색깔이 변하는 것 같았습니다. 그 눈을 가진 소녀는 젊고 갈색 머리에다가 날씬했습니다. 그녀는 십대였습니다. 그러나 그녀는 그 부서에서 아주 중요한 일을 하고 있었으며, 영수증을 처리하고 서류를 보관하는 일이었습니다.

앤드류가 서류를 넘겨주었을 때, 그 소녀의 미소는 웃음으로 변했습니다. 그녀는 그에게 다른 소녀들에 대해서는 신경을 쓰지 말라고 말했습니다. "그들은 새로운 사람이 올 때마다 그런 대접을 합니다. 하루 이틀이 지나면 다른 대상을 찾을 것입니다." 그녀가 앤드류에게 영수증을 건네줄 때 그는 계속해서 그녀를 응시했습니다. 그 전에 어디에선가 그녀를 본 것 같았습니다. 그러나 그는 그녀에게 그런 사실을 말하지 않았습니다. 그는 또 다른 짐을 싣기 위해 뒤돌아 섰습니다.

긴 첫날이 끝나자 발목이 너무나도 쑤셔서 걸을 수가 없었습니다. 그리체는 즉시 눈치를 챘습니다.

"앤드류, 뭐가 잘못 됐어요? 침대에서 떨어졌나요?"

   브라더 앤드류

그는 그녀의 입을 다물게 만들기를 바라면서 "동인도 제도
에 갔다 왔습니다!" 라고 대답했습니다. 그러나 그 반응은
정반대였습니다.

"여러분, 여기에 전쟁 영웅이 있네요!" 그 다음 며칠 동안
그녀들은 그것 때문에 그를 놀렸습니다.

처음 한 달 동안 직장에서 유일하게 좋은 것은 유리 칸막
이 건너편에서 미소를 짓는 눈길이었습니다. 그는 기회가 있
을 때마다 그녀 앞에 멈추어 섰습니다. 그는 어디선가 그녀
를 본 적이 있다는 것을 더욱 확신하게 되었습니다. 마침내
그는 용기를 내어 그녀에게 말했습니다.

"나는 당신이 걱정됩니다. 당신은 너무나도 어리고 아름답
기 때문에 이런 사람들과 함께 일할 수 없습니다!"

그녀는 큰 소리로 웃었습니다. "왜요? 할아버지!" 그녀는
그에게 말했습니다. "당신은 구식이군요!" 그녀는 그에게 다
가가면서 목소리를 낮추었습니다.

"그녀들은 나쁜 사람들이 아니에요. 그들 중 대부분은 친
구를 필요로 해요!" 그녀는 말을 멈추었습니다. 그리고 잠시
망설이다가 부드럽게 말했습니다. "나는 크리스천입니다. 그
것이 바로 내가 여기에서 일하는 이유입니다!"

갑자기 앤드류는 그녀를 어디에서 보았는지를 기억해 냈습

니다. 그녀는 원호병원에 찾아온 소녀였던 것이었습니다. 환자들을 천막집회에 초대했던 사람이었습니다. 그 집회에서 환자들은 모두 좋지 않은 행동을 했었습니다.

앤드류는 재빨리 그녀에게 자기의 이야기를 해 주었습니다. 그는 자기의 인생을 하나님에게 바쳤으며, 그녀와 같은 이유로 그 회사에서 일하게 되었다는 사실을 설명해 주었습니다. 그는 그의 동료 직장선교사의 이름이 코리 반 담Corrie van Dam이라는 것을 알게 되었습니다. 그날 이후로 앤드류와 코리는 하나의 팀이 되었습니다. 그들은 동료 근로자들을 초대하여 근처에 있는 집회장에 데리고 갔습니다. 거기서는 복음 전도자들이 매 주말마다 청소년 집회를 개최하고 있었습니다.

어느 날, 그리체가 앤드류와 코리가 친구로 삼은 근로자들 중의 한 명을 놀리고 있었습니다. 아미Amy는 시각장애자였는데, 그리체와 같은 콘베이어 벨트에서 일을 하고 있었습니다. 앤드류가 건너편에서 "그리체, 입 닥쳐! 제발 입 좀 닥쳐!"라고 소리를 질렀을 때 그녀는 거의 울 뻔했습니다.

조립실에는 침묵이 흘렀습니다. 그리체의 입이 떡 벌어졌습니다. 앤드류가 다음과 같은 말을 덧붙였을 때에는 앤드류 자신이 더 놀랐습니다. "그리체, 집회장에 가는 버스는 토요일 9시에 출발해. 그 버스를 타도록 해!"

앤드류는 그녀가 또다시 농담 할 것으로 기대했습니다. 그러나 그리체는 단지 "알았어!" 라고 대답했습니다. 그녀가 토요일에 버스를 탔을 때, 그는 또다시 놀랐습니다.

예배 시간 동안에 청소년들이 강단에 서서 하나님께서 그들의 삶을 얼마나 변화시켜 주셨는지에 대해서 말할 때에 그녀는 비판적인 말을 했습니다. 그리고 쉬는 시간에는 야한 연애 소설을 읽었습니다.

토요일 오후, 앤드류가 자신의 자전거를 세워둔 아크마르 정류소에 버스가 왔을 때, 그는 그리체에게 차비라도 절약할 수 있게 집까지 태워다 주겠다고 제의했습니다. 그는 그것이 그녀에게 하나님의 필요성에 대해 말해 줄 수 있는 기회가 될 것이라고 생각했습니다. 그러나 하나님께서는 그에게 '신앙에 대해서는 한 마디도 말하지 말라. 단지 경치가 좋다고만 말하라.' 하고 말씀하시는 것 같았습니다.

다음 날 점심시간에 그리체는 앤드류의 옆자리에다가 자기의 식판을 털썩 갖다 놓았습니다. 그녀는 그에게, 전날 자기를 집까지 태워다 줄 때에 그가 설교를 할 것이라고 예상했다고 말했습니다. "네가 그러지 않았을 때, '내가 너무 타락했기 때문에 개선의 여지가 없다고 생각하나?' 라는 생각이 들었어. 나는 내가 너무 타락하지는 않았는지 생각하기 시작했어. 만약에 내가 잘못했다고 말한다면 하나님이 들어주실까? 집회장에서 간증을 한 사람들처럼 나에게 새 출발을 할 수 있는 기회를 주실까? 하여튼 간에 나는 하나님께 간구했어! 그것은 꽤 우스운 기도였지. 그러나 나는 진지했어. 그리고 나는 울기 시작했어. 거의 밤새도록 울었지. 그러나 오늘 아침에는 기분이 좋아!"

그리체는 새로운 사람이 되었습니다. 그러나 여전히 소녀들의 리더였지요! 그녀는 더럽고 음란한 이야기를 중단했습니다. 그러자 대부분의 다른 소녀들도 그렇게 했습니다. 앤드류와 코리가 기도 모임을 시작했을 때, 그리체도 참석을 했습니다. 그러자 곧 공장이 전혀 다른 곳처럼 보였습니다.

어느 날, 회사 사장이 앤드류를 보자고 했습니다. 그는 최근에 실시한 테스트에 의하면 앤드류의 머리가 매우 좋다고 말했습니다. 앤드류는 그것이 무엇을 의미하는지 확실히 알지 못했습니다. 그냥 좋은 일이거니 했습니다. 왜냐하면 사장이 미소를 지으며 하고 싶은 일이 있으면 무슨 일이든지 시켜 주겠다고 말했기 때문이었습니다.

앤드류는 사장에게 자기가 원하는 것으로 "나는 사람들을 적합한 곳에 배치하는 일을 하기를 원합니다." 라고 말했습니다. 그 대신에 앤드류는 적어도 2년 더 그 회사에서 일하기로 동의했습니다. 비록 그가 새로운 일을 좋아했을지라도 시간이 지남에 따라, 하나님께서 자기를 다른 곳의 선교사로 부르신다는 사실을 더욱더 확신하게 되었습니다.

선교사가 되려면 신학교에 가야만 한다는 사실을 알았을 때, 앤드류는 매우 낙심했습니다. 그것은 그가 전쟁 시기 동안에 놓쳐버린 학교 생활을 보충해야만 한다는 것을 의미했습니다. 그래야 신학교에 가서 공부할 수 있었습니다. 그렇게 하려면 12년이 걸립니다. 그는 이미 24살이 되었습니다. 신학교를 졸업하고 선교사로 일하려면 그의 나이 36살이 될 것입니다. 보다 빠른 길을 찾아야만 했습니다.

어떤 친구가 WEC(Worldwide Evangelization Crusade)에 대해 말해주었는데, 그것은 평신도들을 훈련시켜 아직까지 선교사를 파송하지 못한 지역에 복음을 전하는 단체로서 2년 동안 훈련을 시키는 학교였습니다.

WEC 사무실에 문의해 본 후에 앤드류는 그의 친구 키스에게 자기가 알아낸 것을 말해 주었습니다. 키스는 응시를 하여 곧 합격했습니다. 그는 집으로 편지를 보내, 자기가 스코틀랜드 글라스고우에 있는 WEC훈련학교에서 배운 모든 것에 대해 앤드류에게 말해 주었습니다.

사장과 약속한 2년이 지난 후에도 앤드류는 주춤거렸습니다. 그는 키스처럼 공식적인 훈련을 받지 못했습니다. 그리고 그것을 성공적으로 숨길 수 있다 할지라도 그는 여전히 아픈 다리를 가지고 있었습니다. 한 블록만 걸어도 심한 통증을 느꼈습니다. 선교사가 된다는 것은 어리석은 꿈에 지나지 않았습니다.

1952년 9월 어느 일요일 오후에 앤드류는 간척지로 나갔습니다. 거기서 그는 아무런 방해를 받지 않고 큰 소리로 기도할 수 있었습니다. 그는 물 가에 앉아 마치 하나님께서 바로 옆에 계시는 것처럼 말하기 시작했습니다. 그는 응답을 받을 때까지 기도하기로 작정했습니다. 그는 저녁까지 기도했습니다. 그러나 자기의 인생을 위한 하나님의 계획을 발견할 수 없었습니다.

"주여, 그것이 무엇입니까?" 그는 알기를 원했습니다.

"내가 무엇 때문에 망설입니까?"

마침내 그는 응답을 받았습니다. 그는 항상 하나님께 "예!"라고 말했지만 별로 신통찮은 대답이었습니다.

"예, 그러나 나는 교육을 받지 못했습니다. 예, 그러나 나

   브라더 앤드류

는 다리가 불구입니다.”

그래서 앤드류는 다른 방식으로 “예”라고 말했습니다. “그러나”라는 말은 하지 않았습니다. 그는 하나님께 말씀드렸습니다. “주님, 당신이 원하시는 길이라면 그것이 무엇이든지 가겠나이다. 신학교에 가든지, WEC훈련학교에 가든지, 계속해서 초콜릿 공장에서 일하든지 간에 주님의 뜻을 따르겠나이다. 언제, 어디서, 어떻게 나를 원하시든지 간에 나는 가겠나이다. 주여, 바로 이 순간에 시작하겠나이다. 내가 이 자리에서 일어설 때에 첫발을 떼어놓겠나이다. 그것은 당신에 대한 완전한 신뢰의 발걸음이 될 것입니다. 나는 그것을 ‘예스의 발걸음’이라고 부를 것입니다.”

앤드류는 일어섰습니다. 그리고 첫발을 떼어놓자 다친 다리에 통증을 느꼈습니다. 그는 발목을 삐었다고 생각했습니다. 그러나 다시 한번 더 조심스럽게 발을 땅 위에 올려놓자 서 있을 수가 있었습니다. 무슨 일이 일어났는가? 그는 천천히 걸어서 집으로 가기 시작했습니다.

그는 걷다가 “가다가 깨끗함을 받은지라”는 말씀을 기억했습니다. 그는 그 말씀이 어디에서 나온 것인지 정확하게 기억할 수 없었습니다. 그러다가 갑자기 생각이 났습니다. 예수님과 10명의 문둥병자들의 이야기에서 예수님의 명령을 이행하러 가는 길에 기적이 일어났던 것이었습니다. "저희가 가다가 깨끗함을 받은지라"(눅 17 : 14). 나에게도 그런 일이 일어날 수 있는가?

그날 밤에 그는 아무런 고통도 느끼지 않고 약 6km 떨어진 마을로 예배를 드리러 갔습니다. 그 다음날 아침, 초콜릿 공장에서 그의 발목이 가렵기 시작했습니다. 그가 오래된 상처를 긁었을 때, 피부에 수술자국이 드러났습니다. 결코 적절하게 치료되지 않았던 수술자국이 완전히 봉합되어졌습니다.

그 다음 주, 앤드류는 스코틀랜드 글라스고우에 있는 WEC 훈련학교에 지원했습니다.

기금도 없고 조직도 없는 한 개인인 내가
어떻게 철의 장막 뒤에서
변화를 불러일으킬 수 있다는 말인가?
그러나 앤드류는 곧 그 길을 찾을 것입니다.

소명이 분명해지다

1953년 가을에 앤드류는 2년 동안 교육을 받기 위해 서둘러 스코틀랜드로 갔습니다. 영어로 말하는 법을 배우는 것은 쉬운 일이 아니었습니다. 그러나 모든 교수들이 영어로 가르쳤기 때문에 그는 그것을 재빨리 터득해야만 했습니다.

그의 친구 키스가 그를 여러 사람들에게 소개해 주었으며, 좋은 출발을 할 수 있게 도와주었습니다. 앤드류는 그것이 무척 좋았습니다.

첫 학기는 눈 깜짝할 사이에 지나갔습니다. 오전에는 신학, 설교학, 세계 종교, 어학 등과 같이 다른 신학교에서도 가르치는 과목들을 배웠습니다. 오후에는 실제적인 기술들을 배었습니다. 배관공사, 목공, 벽돌 쌓기, 응급조치, 열대 위생학, 모터 수리, 야자수 잎으로 오두막집을 세우는 방법, 물을 담아놓을 수 있는 토기를 만드는 법 등을 배웠습니다. 학생들은 또한 돌아가면서 학교 주변의 허드렛일을 했습니다.

그러나 앤드류가 배운 가장 중요한 것은 하나님께서 자기를 돌보아 주신다는 사실을 믿는 것이었습니다. 그 교훈은 앤드류가 2학기 등록금에 대해서 걱정하고 있었을 때, 정곡을 찔렀습니다. 앤드류는 그가 초콜릿 공장에서 일했을 때, 사장이 제때에 봉급을 지불해 준 것을 기억했습니다. 그래서 그는 자기 자신에게 말했습니다. '공장의 노동자도 재정적으로 걱정하지 않는다면 하물며 하나님의 일꾼이 돈 걱정을 해서 되겠는가?'

그날 밤에 그는 기도를 했습니다. "주님, 제가 실제적인 문제에 있어서도 당신을 신뢰할 수 있는지 알 필요가 있습니다. 첫 학기 등록금을 벌 수 있게 해 주셔서 감사합니다. 제가 필요로 하는 나머지 돈을 공급해 주시기를 간구합니다!"

하나님께서 그 기도를 들어주셨습니다. 때로는 놀라운 방법으로 들어 주셨습니다. 휘츠트라 씨가 그의 2학기 등록금을 보내 주었습니다. 누구에게도 등록금 문제에 대해서 말하지 않았는데도 불구하고 때맞추어 도착했습니다.

1955년 봄, 2년 간의 훈련이 거의 끝났습니다. 그러나 어디에 선교사로 가야 할지 확실히 알지 못했습니다.

그러나 그가 졸업하기 일주일 전, 앤드류의 인생을 변화시킨 일이 발생했습니다. 그는 가방을 가지러 지하에 있는 기숙사에 내려갔습니다. 어둡고 먼지투성이인 지하실 안에 낡은 판지 상자 위에 한 권의 잡지가 놓여 있었습니다. 아름다운 출판물로 값비싼 광택지에 인쇄되어져 있었습니다. 그것은 북경과 바르샤바와 프라하의 거리를 행진하고 있는 수천 명의 젊은이들의 칼라 사진들을 담고 있었습니다. 그 어디에도 "공산주의"라는 단어는 나타나지 않았습니다. 그러나 그것은 분명히 공산당 청년 잡지였습니다. "보다 나은 세상"과 "밝은 내일"에 대한 말로 가득 차 있었습니다.

뒷면에 오는 7월에 바르샤바에서 개최되는 청년 축제에 대한 광고가 실려 있었습니다. 모든 사람들을 초대하고 있었습니다. 앤드류는 그 잡지를 자기 방으로 가지고 왔습니다. 그리고 잡지에 나와 있는 바르샤바 주소로 편지를 보냈습니다. 그는 기독교 선교사가 되기 위해 훈련을 받고 있으며, 아이디어를 교환하기 위해 그 축제에 참여하고 싶다고 썼습니다. 그는 그들에게 그리스도에 대해 말해 주려고 했습니다. 그러면 그들은 그에게 공산주의에 대해 말해 줄 것입니다. 과연 그들이 그를 초대해 줄 것인가?

앤드류는 곧 답장을 받았습니다. 그들은 분명히 그를 초대하기를 원했습니다. 그가 학생이었기 때문에 암스테르담에서 바르샤바로 가는 특별 열차의 요금을 할인해 주었습니다.

졸업을 한 후에 앤드류는 그의 가족들과 친구들을 방문하기 위해 위테 마을로 돌아왔습니다. 그는 초콜릿 공장 사장인 링거 씨와 그의 옛 스승인 미클 선생님을 보러갔습니다. 그녀는 그의 영어 실력을 보고 매우 놀랐습니다. 휘츠트라 씨를 보러 갔을 때, 그들의 화훼 수출 사업이 크게 성장하여 암스테르담으로 이사 갔다는 사실을 알게 되었습니다.

1955년 7월 15일, 수백 명의 젊은이들이 바르샤바로 가는 기차를 탔습니다. 앤드류는 약간의 옷들과 유럽 여러 나라들의 말로 인쇄된 "구원의 길"이라는 제목의 소책자 수십 권을 담은 무거운 가방을 들고 갔습니다.

바르샤바에서 그의 숙소는 임시 기숙사로 전용된 학교 건물이었습니다. 수만 명의 젊은이들이 전세계에서 몰려왔습니다. 그리고 그들 중 많은 사람들이 그 곳에서 머물렀습니다.

앤드류는 공산국가의 교회 지도자들이 핍박을 받고 투옥된 것에 대한 네덜란드 신문기사를 읽은 적이 있었습니다. 공산주의자들은 종교의 자유를 허용한다고 주장했습니다. 그들은 말하기를, 하나님은 시대에 뒤떨어진 미신이며, 공산주의 체제가 보다 나은 방법을 제공해 주기 때문에 사람들이 교회에 가지 않는다는 것이었습니다. 그러나 사실은 공산 정부가 신자들의 생활을 어렵게 만들었습니다.

일요일이 되자, 앤드류는 집회장에 가는 대신에 몰래 빠져나와 택시를 탔습니다. 앤드류가 아는 유일한 폴란드어는 "안녕하세요?" 라는 것뿐이었기 때문에 그는 독일어로 운전사에게 교회에 데려다 달라고 말했습니다. 그가 알아듣지 못했기 때문에 영어로 말해 보았습니다. 그래도 아무런 소용이 없었습니다. 그래서 앤드류는 마치 기도하는 것처럼 두 손을 모았다가, 마치 책을 읽는 것처럼 두 손을 펼쳤습니다. 운전사는 미소를 지으며 고개를 끄덕였습니다. 몇 분 후에 택시는 두 개의 종탑을 가진 건물 앞에 멈추어 섰습니다. 앤드류는 처음으로 "철의 장막(서구인들이 동유럽의 공산국가들을 이르는 말)" 뒤에서 예배를 드리기 위해 걸어 들어갔습니다.

교회가 4분의 3쯤 찬 것을 보고 그는 매우 놀랐다. 찬송가도 열광적으로 불렀으며, 목사는 설교 내내 성경을 인용했습니다. 예배가 끝난 후에 목사는 영어로 그를 환영했습니다. 앤드류는 많은 의문점들을 가지고 있었습니다. 그들은 교회 내에서 정치적인 문제를 토론하지 않는다면 공개적으로 예배를 드릴 수도 있었습니다. 몇몇 교인들은 공산당원이었습니다. 목사는 어깨를 으쓱거리며 말했습니다.

"물론 그것은 타협이지요. 그러나 어떻게 하겠습니까?"

어떤 사람이 앤드류가 고향에서는 어떤 교회에 다니는지를 물었습니다. 그가 "침례교회"라고 말하자 그 사람은 침례교회의 주소를 적어주며 "오늘 밤에 예배가 있습니다." 라고 말했습니다.

그날 저녁에 앤드류가 침례교회에 도착했을 때, 예배는 이미 시작되었습니다. 아침에 본 교회보다 교인들의 수가 적었고 나이들도 들어 보였습니다. 그리고 옷을 잘 차려 입은 사람들도 더 적었습니다. 비록 다른 사람들의 주의를 끌지 않고 들어가려고 애썼을지라도 어떤 사람이 눈치를 채고 목사에게 외국 사람이 방문을 했다는 말을 전했습니다. 그는 즉시 앤드류를 강단으로 초대했습니다.

"독일어나 영어로 말할 수 있는 사람이 있습니까?"

교인들 중에서 독일어를 말할 줄 아는 여인이 앞으로 나왔습니다. 그녀가 폴란드어로 통역을 할 때에 앤드류는 처음으로 공산국가에서 설교를 했습니다. 그의 짧은 설교가 끝났을 때 목사는 앤드류가 결코 잊어버릴 수 없는 말을 해 주었습니다. "이 곳에 와 주셔서 감사합니다. 비록 설교를 하지 않았을지라도 당신을 보는 것만으로도 큰 의미가 있었을 것입니다. 우리는 때때로 홀로 투쟁하고 있다는 느낌이 듭니다."

바르샤바에서 앤드류는 그의 전도책자들을 길거리의 사람들에게 나누어주었습니다. 그리고 성경을 파는 서점을 방문했습니다. 주인은 폴란드 사람들은 성경책을 살 수 있다고 말했습니다. 그러나 러시아에서는 너무나도 귀하기 때문에 10권의 성경책을 밀수출한 사람은 오토바이를 살만한 이익을 볼 수 있었습니다.

바르샤바에서 보낸 그의 마지막 날 아침에 해가 떠오르자 앤드류는 일어나 밖으로 나갔습니다. 그는 큰 길 옆에 벤치를 발견하고는 그 자리에 앉아 포켓 성경을 무릎 위에 펼쳐 놓았습니다. 그는 여행하는 동안에 만난 모든 사람들을 위해서 기도하려고 했습니다. 3번의 일요일 동안 그는 장로교회, 침례교회, 로마 카톨릭, 정통교회, 개혁교회, 감리교회 등을 방문했습니다. 그는 5번에 걸쳐 설교 요청을 받았습니다. 그는 자기가 만난 사람들의 얼굴을 그려보았습니다. 그리고 그들 각자를 위하여 기도했습니다.

그가 기도할 때에 군대 음악과 노래하는 소리를 들었습니다. 그것은 점점 더 가까워졌습니다. 그는 그들을 바라보았습니다. 청년 집회에 참석한 수천 명의 대표자들이 마지막으로 행진을 하고 있었습니다. 그들은 그의 벤치 바로 앞을 행진했습니다.

청년 공산당원들은 하나님이 없다는 그들의 신념을 전할

준비가 되어있었습니다. 그들은 사람이 자기 자신의 주인이 되어야 하며 자신의 미래를 결정해야 한다는 말을 전할 준비가 되어있었습니다. 얼마나 인상적인 광경인가! 공산주의의 힘이 그토록 압도적으로 보인 적은 결코 없었습니다. 그토록 강력한 힘에 대항하기 위해 세상은 무슨 일을 할 수가 있겠는가? 그리고 그는 무슨 일을 할 수 있겠는가?

앤드류의 무릎 위에 펼쳐져 있던 성경 책장이 바람에 날렸습니다. 그는 손을 내밀어 책장을 잡고 요한계시록을 보았습니다. 우연히 그의 손가락 끝에 잡힌 요한계시록 구절은 "너는 일깨워 그 남은 바 죽게 된 것을 굳게 하라"(계 3:2)는 것이었다. 갑자기 흘러내린 눈물이 글자를 흐리게 만들었습니다. 주님께서 그에게 말씀하신 것인가? 그의 필생의 사업이 철의 장막 뒤에서 그분 교회의 남은 것을 강화시키는 것이라고 말씀하고 계시는가? 그는 생각했습니다. '말도 안 되는 소리! 내가 어떻게 그 일을 할 수 있다는 말인가?' 그가 아는 한 동유럽 공산국가들에는 단 한 명의 선교사도 없었습니다. '기금도 없고 조직도 없는 한 개인인 내가 어떻게 철의 장막 뒤에서 변화를 불러일으킬 수 있다는 말인가?'

그러나 앤드류는 곧 그 길을 찾을 것입니다.

주님의 인사

앤드류가 암스테르담에서 기차에서 내렸을 때, 거의 텅 빈 그의 가방은 그의 발걸음만큼이나 가벼웠습니다. 비록 위테 마을로 가고 싶었을지라도 그는 휘츠트라 씨를 방문했습니다. 가로수가 늘어 선 길가에 있는 그의 벽돌집 앞에는 옅은 푸른색의 폭스바겐이 주차되어져 있었습니다. 앤드류는 인도에 가방을 내려놓고 문을 두드렸습니다.

앤드류는 그의 옛 이웃이 자기에게 미소를 짓는 것을 보았습니다. "어서와!" 휘츠트라 씨가 말했습니다. 그리고 그를 차에 태우고 부둣가를 한바퀴 돌았습니다. 그는 "앤드류, 폴란드에 갔다 온 이야기를 해 줘!" 라고 말했습니다.

오후 내내 앤드류는 그의 옛 친구들에게 그의 여행에 대해 말해 주었습니다. 그리고 자기가 받은 성구에 대해서도 말해 주었습니다. "그러나 나는 그것을 완전히 이해할 수 없어요. 그것은 나에게 남은 바 죽게 된 것을 굳게 하라고 말합니다. 내가 어떻게 무엇을 굳게 할 수 있을까요?" 그는 그의 옛 친구들에게 물었다. "내가 무슨 힘을 가지고 있나요?"

휘츠트라 씨는 고개를 끄덕이며 동의를 표했습니다. 그러나 그의 부인은 미소를 지으며 말했습니다. "아무런 힘도 없지요! 하나님께서는 우리가 가장 연약할 때에 가장 많이 사용하신다는 것을 모릅니까? 철의 장막 뒤에서 계획을 세우는 것은 당신이 아니라 성령님이라고 생각해 보십시오!"

위테 마을로 돌아온 지 며칠 되지도 않아서 강연을 해 달라는 요청이 쇄도했습니다. 교회들, 사회단체들, 그리고 학교들이 철의 장막 뒤편의 생활에 대해 알기를 원했습니다. 일단의 공산주의자들이 할렘교회에서 그가 강연하는 것을 들으러 왔습니다. 앤드류는 그와 함께 여행했던 몇 사람들을 알아보았습니다. 잠시 후에 바르샤바에서 네덜란드 대표단의 리더였던 여성이 걸어 나와 말했습니다.

"당신의 강연이 마음에 들지 않는군요!"

"아마 그럴 것입니다!" 앤드류가 그녀에게 말했습니다.

"당신은 부분적인 것만 말하는군요!" 라고 그녀는 불평을 했습니다. "당신은 충분히 보지 못했습니다. 당신은 더 많은 나라들을 방문하고, 더 많은 지도자들을 만날 필요가 있습니다. 그것이 바로 내가 제의하는 것입니다."

앤드류는 그녀가 한 그 다음 말을 믿을 수가 없었습니다. "나는 지금 4주 동안 체코슬로바키아를 여행하기 위해 15명 정도의 네덜란드 사람들을 선발하고 있는 중입니다. 우리는 학생들, 교수들, 그리고 일반인들과 접촉하고 있는 중입니다. 교회에서도 몇 명 선발하고 싶습니다. 당신이 갈 수 있겠습니까?"

앤드류는 즉시 속으로 기도를 했습니다. '주님, 만약에 내가 가기를 원하신다면 길을 열어 주시옵소서.' 그는 그 여성에게 감사했습니다. "그러나 나는 그런 여행을 할 경제적인 여유가 없습니다. 미안합니다!"

그 여성은 똑바로 서서 그를 응시했습니다. 그리고 "우리가 어떻게 해 볼 수 있을 것 같습니다!" 라고 말했습니다.

"그게 무슨 뜻입니까?" 라고 앤드류가 물었다.

"당신은 무료로 해드리겠습니다!"

철의 장막을 넘는 앤드류의 두 번째 여행은 여행단의 규모가 이전 보다 더 작다는 점을 제외하고는 폴란드를 방문했을

때와 별로 다른 점이 없었습니다. 따라서 혼자 몰래 빠져 나오기가 훨씬 더 어려웠습니다.

그는 성경책을 체코슬로바키아로 가지고 들어가기가 어렵다는 말을 들었습니다. 그래서 그는 여행 안내자에게 기독교서점으로 데려다 달라고 말했습니다. 그 서점에는 음악, 문구, 조각상, 십자가 등이 있었습니다. 그러나 성경책은 없었습니다. 여점원에게 성경책을 보여 달라고 요구하자 그녀는 재고가 없다고 말했습니다.

앤드류는 그녀에게 말했습니다. "나는 체코슬로바키아에서 교회가 어떻게 운영되는지를 알아보기 위해 네덜란드에서 왔습니다. 이 나라에서 제일 큰 기독교서점에서 단 한 권의 성

    브라더 앤드류

경책도 살 수 없다는 말입니까?”

당황한 여점원은 서점 뒤편으로 사라졌습니다. 그리고 앤드류는 격한 토론을 하는 소리를 들을 수 있었습니다. 몇 분 후에 주인이 성경책 한 권을 들고 나왔습니다.

그는 앤드류에게 성경책이 그토록 귀한 이유는 정부가 새로운 번역을 추진하고 있기 때문이라고 말했습니다.

“그것이 나올 때까지 성경책을 인쇄하지 않습니다!”

그러나 그는 공산 정부가 새로운 번역을 약속한 지, 수년이 지났다는 말은 하지 않았습니다.

앤드류가 체코슬로바키아에 머무는 시간도 거의 끝나가고 있었습니다. 그는 크리스천들을 만나기 위해 그룹에서 이탈할 수가 없었습니다. 프라하에서 머무는 마지막 날도 여느 때와 마찬가지였습니다. 전시 마을을 관람하고, 성대한 만찬을 즐기고, 기자 회견에 참석하고, 공식적인 작별을 했습니다. 그러나 그가 공식적인 수행자 없이 예배에 참석할 수 있는 마지막 기회는 역시 일요일이었습니다.

앤드류는 며칠 동안 도망갈 계획을 세웠습니다. 그는 관광버스 뒷문의 스프링이 부러져 완전히 닫히지 않는다는 것을 발견했습니다. 그래서 그날 버스가 호텔을 빠져 나왔을 때, 앤드류는 뒷좌석에 앉아 있었습니다. 여행 안내자가 승객들에게 눈앞에 보이는 동상에 대해서 설명해 줄 때, 그는 기회를 잡아 몰래 빠져 나왔습니다.

30분 후에 그는 며칠 전에 점찍어 두었던 교회의 현관에서 있었습니다. 앤드류는 뒷자리에 들어가 교인들을 구경했습니다. 몇 사람은 찬송가를 가지고 있었지만 성경책을 가지고 있는 사람은 거의 없었습니다. 대신 많은 사람들이 스프링 노트를 가지고 있었습니다.

예배가 시작되었을 때, 찬송가를 가지고 있는 사람들은 그것을 높이 들어 주위에 있는 사람들도 볼 수 있게 해 주었습니다. 노트를 가지고 있는 사람들도 그와 같이 했습니다. 그 노트에는 교인들이 좋아하는 찬송가가 기록되어져 있었습니다. 목사가 성경을 읽을 때에도 같은 일이 발생했습니다. 성경책을 가진 사람들이 그것을 높이 들어서 주위에 있는 사람들이 볼 수 있게 해 주었습니다.

예배가 끝난 후, 앤드류는 목사에게 자신을 소개했습니다. 목사는 그 나라의 크리스천들을 만나기 위해 네덜란드에서 왔다는 말을 듣고는 깜짝 놀랐습니다. 목사는 체코슬로바키아에서 크리스천들이 어렵게 지내고 있다고 털어놓았습니다. 오직 공산 정부를 지지하는 학생들만 신학교에 가서 목사로 훈련을 받는 것이 허용되어졌습니다. 설교를 할 때마다 미리

원고를 써서 당국의 승인을 받아야만 했습니다. 그런 규정을 지키지 않는 사람들은 투옥되었습니다.

그 교회의 두 번째 예배 시간이 되었습니다. "우리에게 말씀해 주실 수 있습니까?" 라고 목사가 물었습니다.

"내가 설교를 해도 됩니까?"

"설교라고 말하지는 않았습니다. 여기서는 조심을 해야 합니다. 그러나 당신은 우리에게 네덜란드의 인사를 전해 줄 수는 있습니다!" 그는 미소를 지으며 말했습니다. "그리고 원하신다면 주님의 인사도 전해 줄 수 있습니다!"

그래서 앤드류는 그의 통역자인 의과 대학생과 함께 그 목사가 제의한 대로했습니다. 그는 약 2분간 네덜란드 크리스천들의 인사를 전달했습니다. 그리고 주님이 되시는 예수 그리스도의 인사를 전하는 데는 30분이 걸렸습니다.

그것이 너무나도 잘 되었기 때문에 앤드류의 통역자는 다른 교회에서도 그렇게 해 보자고 제의했습니다. 그날이 지나가기 전에 그들은 다섯 교회들을 더 방문했습니다. 그리고 앤드류는 그 중의 네 교회에서 설교를 했습니다(즉 "주님의 인사를 전했습니다").

마지막 교회에서 예배가 끝난 후, 수많은 젊은이들이 그의 주변에 몰려들었습니다. 그들은 네덜란드에서는 크리스천들

이 좋은 직장을 구할 수 있는지 알고 싶어했습니다. 교회에 다니면 정부에 보고해야 하는지, 교회에 다니면서도 좋은 대학에 들어갈 수 있는지 알고 싶어했습니다.

이러한 것들이 체코슬로바키아의 크리스천들이 직면하고 있는 문제들이었습니다. 그들은 믿음 때문에 값비싼 대가를 지불하고 있었습니다.

"그리고 그것이 그들이 당신에게 이것을 주는 이유입니다!" 라고 그의 통역자가 그에게 말했습니다. 그는 어떤 젊은이로부터 상자를 받아서 앤드류에게 넘겨주었습니다.

"이것을 네덜란드에 가지고 가십시오. 그리고 사람들이 그것에 대해 질문 할 때, 우리에 대해 말해 주십시오. 그리고 우리도 그리스도의 몸의 일부라는 사실을 상기시켜 주십시오. 그들에게 우리가 고통 중에 있다고 말해 주십시오!"

앤드류가 그 상자를 열자 작은 컵 모양의 옷핀을 발견했습니다. 몇몇 젊은이들도 그것을 착용하고 있었습니다. 그것이 무엇인지 궁금했습니다. 그들은 그에게 말해 주었습니다. "체코슬로바키아에서 이것은 교회의 상징입니다. 우리는 그것을 고난의 잔이라고 부릅니다."

앤드류가 그의 새로운 친구들에게 작별을 고했을 때, 그날을 영원히 잊을 수 없다는 것을 알았습니다. 그러나 그가 즉시 해결해야 할 문제는 그날 아침에 헤어진 일행을 찾는 것이었습니다.

그의 호텔에서는 대표자들이 어디에서 작별 만찬을 거행하는지 아무도 알지 못했습니다. 앤드류는 그 전에 몇 번 일행들과 함께 가 본 적이 있는 레스토랑에 찾아갔습니다. 그 곳의 주인도 그들을 보지 못했다고 말했습니다.

그래서 앤드류는 샌드위치를 주문했습니다. 그가 그것을 먹기 시작하자마자 화가 머리끝까지 난 여행 안내자가 들어왔습니다. "어디에 갔었어요? 우리는 병원마다 경찰서마다 전화를

했어요. 결국에는 시체 보관소에도 전화를 했어요. 불행하게
도 당신은 그 곳에도 없더군요!”

앤드류는 될 수 있는대로 천연덕스럽게 말했습니다. “오,
일행을 잊어버렸어요. 그래서 시내를 좀 돌아다녔어요. 물의
를 일으켜 진심으로 죄송합니다!”

그 여인은 여전히 화가 풀리지 않았습니다. “공식적으로
말하겠습니다. 당신은 이 나라에서 더 이상 환영을 받지 못
할 것입니다. 또 다시 체코슬로바키아에 오려면 그만한 대가
를 치러야 할 것입니다!”

앤드류는 나중에 그 여자의 말이 사실이라는 것을 알게 되었
습니다.

운전을 배우다

그 다음 수개월 동안은 앤드류에게 있어서 매우 실망스러운 기간이었습니다. 그는 하나님께서 그가 철의 장막 뒤에서 선교사가 되기를 원하신다는 사실을 확신하고 폴란드, 체코슬로바키아, 그리고 다른 공산국가들로 다시 여행할 수 있는지를 알아보았습니다. 그는 지원서, 설문지, 그리고 각종 서류들을 세 통씩 준비했습니다. 그러나 그는 결코 비자를 받지 못했습니다.

그는 기다리는 동안 작은 잡지에 그의 여행 경험에 대한 기사를 썼습니다. 그는 그 기사에서 기금의 필요성에 대해서 전혀 언급하지 않았습니다. 그러나 그것을 읽은 사람들이 돈을 조금씩 보내 주기 시작했습니다. 그는 우선 낡은 재킷을 교체하고, 체코 성경책을 사서 자기를 위해 통역해 준 의대생에게 보냈습니다. 그리고 그가 위테에 있는 동안에 그의 가족들의 생활비를 도와주었습니다.

어느 날, 그는 아메르스포르트시에서 기도회를 인도하는 또 다른 독자로부터 편지를 받았습니다. 성령님께서 그들에게 앤드류를 만나라고 명령하셨다는 것이었습니다.

그래서 앤드류는 요청하는 그 곳에 갔습니다. 그는 칼 드 그라프Karl de Graaf라는 제방 건설업자의 집에서 정기적으로 기도회를 개최하는 십여 명의 남녀들을 발견했습니다. 앤드류는 그가 만나본 사람들 중에서 가장 경건한 사람들과 즐거운 시간을 보내고 돌아왔습니다.

며칠 후에 그가 또 다른 잡지의 기사를 쓰고 있었을 때, 그의 큰누이 겔체가 그를 불렀습니다. "앤드류 누가 너를 만나러 왔어!" 현관에 서 있는 사람은 칼 드 그라프였습니다.

"앤드류, 자동차를 운전할 줄 압니까?" 라고 그가 물었습니다. "지난밤에 기도를 하던 중에 우리는 주님으로부터 당신에 관한 말씀을 받았습니다. 당신이 운전을 배우는 것은 매우 중요한 일입니다!"

"도대체 무슨 말을 하시는 겁니까?" 앤드류는 그의 어처구

니없는 생각을 비웃었습니다.

"나는 차를 살만한 여유가 없습니다!"

그라프는 말했습니다. "앤드류, 논쟁을 하자는 것이 아닙니다. 나는 다만 메시지를 전할뿐입니다!"

그의 생각이 너무나도 터무니 없었기 때문에 앤드류는 아무런 조치도 취하지 않았습니다. 그러나 일주일 후에 그라프가 다시 와서 "앤드류, 운전을 배우기 시작했습니까?"라고 물었습니다.

"아니요. 아직 ⋯."

"하나님의 말씀에 순종하는 것이 얼마나 중요한지 모르십니까? 내가 당신을 가르쳐야 되겠군요. 어서 타세요!"

그날 오후에 앤드류는 처음으로 운전대에 앉았습니다. 그라프는 앤드류가 운전시험에 합격할 때까지 매주 찾아왔습니다. 그는 자전거도 한 대 없는데 자동차 운전 면허증을 따야 하는 이유를 이해하지 못했습니다.

"하나님의 말씀에 순종한다는 것은 좋은 일입니다." 그라프는 그에게 계속 말했습니다. "나중에 하나님의 뜻을 알게 될 것입니다!"

1956년 가을, 헝가리 국민들이 공산주의 정부에 대항해 봉기했습니다. 러시아는 탱크와 군인들을 보내 폭동을 진압하고 공산주의 정부가 재집권할 수 있도록 도와주었습니다. 많은 무고한 사람들이 죽었습니다. 그리고 처음에는 헝가리로부터, 나중에는 다른 공산주의 국가들로부터, 수많은 피난민들이 서유럽으로 몰려들었습니다. 그 피난민들은 오스트리아와 서독의 국경 근처에 거대한 난민촌을 형성했습니다. 상황은 끔찍했습니다. 많은 가족들이 옷가지만 챙겨들고 도망을 왔습니다.

앤드류는 일단의 네덜란드 구조대원들과 함께 난민촌에서 돕기 위해 갔습니다. 만약에 그가 철의 장막 뒤에 있는 사람들을 만날 수 없었다면 그는 그것이 가능한 사람들을 도와주었을 것입니다. 그는 구호품을 분배하고, 이산 가족들이 재결합할 수 있게 도와주고, 편지를 쓰고, 비자 신청서를 작성해 주는 등 자기가 할 수 있는 모든 일을 했습니다. 그는 또한 기도회를 개최하고 성경공부를 실시했습니다. 그 곳에 참석한 대부분의 사람들은 예수님의 복음을 결코 들은 적이 없었습니다.

앤드류가 서베를린 난민촌에 있을 때, 그의 아버지께서 돌아가셨다는 전보를 받았습니다. 그는 장례식에 참석하기 위해 다음 번 기차를 탔습니다. 그리고는 곧 난민촌으로 돌아

왔습니다. 어느 날 조용한 시간에 "너는 오늘 유고슬라비아 비자를 받을 것이다."라는 내적인 음성을 들었습니다. 그는 믿을 수가 없었습니다. 그가 난민촌에서 일하는 동안 공산국가들에 가려고 신청했던 비자에 대해서는 거의 잊어버렸습니다. 그날 오전에 우편물이 도착했을 때, 앤드류는 헤이그에 있는 유고슬라비아 영사관으로부터 편지를 받았습니다. '이것은 내가 기다리던 편지이다.'라고 생각하며 봉투를 열고 편지를 읽기 시작했습니다. 그러나 그 편지는 유감스럽게도 유고슬라비아 정부는 그의 비자 신청서가 기각되었음을 알려 주게 되었다는 내용이었습니다.

"뭐라고?" 그는 자기가 들은 음성을 확신했습니다. 그 메시지는 그가 바로 그날에 비자를 받을 것이라는 것이었습니다. 그렇다면 그가 베를린에 있는 유고슬라비아 영사관에 또 다른 신청서를 내야 한다는 것인가? 앤드류는 자기 방으로 달려가 사진을 움켜쥐고 역으로 서둘러 갔습니다. 한 시간 후에 그는 유고슬라비아 영사관에 앉아서 또 다른 서류들을 작성했습니다. 그는 "직업란"에서 멈추었습니다. 그 전에는 항상 "선교사"라고 적었습니다. 선교학교에서는 모든 사람들에게 정직하고 솔직하라고 배웠습니다.

그는 기도를 했습니다. "주님, 직업란에 무엇이라고 쓸까요?" 그러자 예수님의 말씀이 생각났습니다. "가서 모든 족속들을 가르치라." 바로 그것이었습니다!

그는 신청서에 "교사"라고 적어서 제출했습니다.

담당자가 그에게 말했습니다. "저쪽에 가 앉아 계십시오. 당신의 서류를 검토해 보겠습니다." 20분 후에 그는 미소를 지으며 다가와서 즐거운 여행이 되기를 바란다고 말했습니다.

앤드류는 너무나도 흥분해서 누군가에게 말해 주고 싶었습니다. 그의 고향 가족들에게는 전화가 없었기 때문에 암스테르담으로 장거리 전화를 했습니다.

휘츠트라 씨는 "앤드류, 베를린에 있는 줄 알았는데?"라고 대답했습니다.

"그래요. 그러나 당신에게 나의 좋은 소식을 알려주고 싶었어요. 내 손에는 두 장의 서류가 들려 있어요. 하나는 유고슬라비아 영사관에서 온 편지인데 나의 비자 신청을 기각한다는 내용입니다. 다른 하나는 비자 스탬프가 찍힌 여권입니다. 휘츠트라 씨, 드디어 해냈어요! 나는 선교사로서 철의 장막을 넘게 되었습니다!"

"앤드류, 그렇다면 키를 받으러 집으로 와야겠구나!"

"미안합니다만 휘츠트라 씨, 잘 들리지가 않아요. 키라고 말씀하셨나요?"

“그래 폭스바겐 열쇠야. 우리는 그것에 대해 의논을 했어. 몇 달 전에 나의 아내와 나는 만약에 네가 비자를 받는다면 우리 차를 주기로 결정했어!”

앤드류는 너무나도 놀랐습니다. “당신은 사업상 자동차가 필요합니다!”

“우리의 사업이라고? 앤드류 너는 하나님의 사업을 하고 있어! 우리는 그것에 대해 기도를 했어. 이것은 우리의 명령이야!”

그것은 너무나도 놀라운 일이어서 믿을 수가 없었습니다.

앤드류는 다음 며칠 동안 여행을 계획하고, 유고슬라비아어로 발행된 기독교 자료를 찾기 위해 온 암스테르담을 뒤지며 보냈습니다. 그리고 나서 그가 발견한 것들을 숨길만한 장소를 찾기 위해 조심스럽게 그의 자동차를 몰았습니다. 하나님께서는 그 여행을 위해 그가 필요로 하는 돈을 제때에 공급해 주셔서 그는 너무나도 놀랐습니다. 그는 그라프 씨가 어떤 표정을 지을지를 상상하면서 아메르스포르트로 그의 새 자동차를 몰고 갔습니다.

그라프는 별로 놀라지 않았습니다. 그는 고개를 끄덕이며 “그럴 줄 알았습니다!” 하면서 주머니에서 봉투를 끄집어내어 앤드류에게 넘겨주었습니다. “하나님께서는 우리에게 다

음 두 달 동안 당신에게 돈이 더 필요할 것이라고 말씀하셨
습니다. 여기에 있습니다!"

앤드류는 봉투를 열어 그 속에 얼마나 많은 돈이 들어 있
는지 살펴보지도 않았습니다. 그는 하나님께서 여행에 필요
한 모든 것을 공급해 주실 것을 그 어느 때보다 더 확신하게
되었습니다.

하나님께서 눈을 멀게 하시다

앤드류는 오스트리아의 작은 마을에 그의 자동차를 세웠습니다. 바로 앞에는 유고슬라비아 국경이 있었습니다. 앤드류는 그의 폭스바겐의 구석마다 성경책들과 불법적인 "외국의 선전물"로 간주되는 전도책자들을 집어넣었습니다. 만약에 국경 보초에게 발각되어진다면 심각한 곤경에 빠지게 될 것입니다.

그래서 앤드류는 처음으로 소위 "하나님의 밀수출자의 기도"를 드렸습니다.

"주님, 저의 짐 속에는 성경책들이 들어 있습니다. 저는 그것들을 국경 너머에 있는 당신의 자녀들에게 가져가기를 원합니다. 주님께서 이 땅에 계실 때 눈 먼 자를 보게 해 주셨습니다. 이제 기도하오니, 보는 눈을 멀게 해 주소서. 보초들이 숨겨놓은 성경책들을 보지 못하게 해 주소서!"

앤드류는 시동을 걸고 국경으로 차를 몰았습니다. 2명의 보초들이 초소에서 나왔습니다. 그들은 앤드류를 보고 늘라는 것 같았습니다.

그들은 약간의 절차만 통과하면 지나갈 수 있을 것이라고 말했습니다. 첫 번째 보초가 전도책자들을 숨겨놓은 텐트와 슬리핑백을 조사하기 시작했습니다.

"신고해야 할 물건이 있습니까?" 라고 보초가 물었습니다.

"돈, 손목시계, 그리고 카메라입니다." 라고 앤드류가 대답했습니다. 두 번째 보초가 앤드류에게 그의 가방들 중의 하나를 열어보라고 요구했습니다. 그 보초는 옷가지들을 들어 올렸다. 조금만 살펴봐도 유고슬라비아어로 된 성경책과 기독교 서적들을 발견할 수 있었습니다.

앤드류는 고개를 돌려 첫 번째 보초에게 "지금은 건기인가 보지요?" 라고 말했습니다. 그는 그 보초에게 그 곳의 날씨에 대해서 물었습니다. 그리고 네덜란드 기후는 항상 습하다고 말했습니다. 대화를 나누는 동안에 앤드류는 두 번째 보초가 무엇을 하고 있는지 궁금했습니다. 그 보초가 전도책자들을 발견하지 못한다면 그것은 기적일 것입니다!

마침내 앤드류는 더 이상 참을 수가 없었습니다. 그가 뒤를 돌아다보았을 때, 두 번째 보초가 그를 쳐다보며 대화를 엿듣고 있는 것을 발견했습니다. 그는 가방을 쳐다보지도 않고 있었습니다.

"신고할 물건이 있습니까?" 라고 보초가 물었습니다.

"작은 것들뿐입니다." 성경책과 전도책자들은 매우 작았습니다.

"그것 때문에 귀찮게 하지 않겠습니다." 라고 보초가 말했습니다. 앤드류는 가방을 닫았습니다. 보초는 그의 여권을 되돌려 주었고, 그는 유고슬라비아 땅으로 자동차를 몰고 들어갔습니다.

유고슬라비아의 도시인 자그레브에서 앤드류는 자밀Jamil이라는 사람을 찾기를 원했습니다. 네덜란드성서공회가 그의 이름과 주소를 제공해 주었습니다. 자밀은 과거에 그들에게 성경책을 주문했었습니다. 그러나 그것은 10년도 넘은 일이었습니다. 앤드류는 자밀이 더 이상 그 주소지에서 살지 않을 것이라는 사실을 알고 있었습니다. 그러나 다른 방법이 없었기 때문에 그에게 3월에 네덜란드 사람이 그의 나라를 방문할 것이라는 편지를 보냈습니다.

나중에 그 편지가 과거에 자밀이 살던 아파트로 배달되어졌다는 것을 알게 되었습니다. 현재 그 곳에서 살고 있는 사람은 자밀을 알지 못했습니다. 그래서 그는 그 편지를 우체국으로 되돌려 보냈습니다. 그 편지는 2주일 동안 그 곳에 묶여 있었습니다. 그러다가 우체국 직원이 자밀의 새로운 주소를 파악하게 되었습니다. 앤드류가 자그레브로 들어간 날 아침에 그 편지는 자밀에게 배달되어졌습니다. 그는 그 편지를 읽고 어리둥절해졌습니다. 이 미스테리의 네덜란드 사람은 누구인가? 그가 무슨 일을 하려고 하는가?

자밀은 전차를 타고 그의 옛 주소지로 갔습니다. 그는 그 건물 앞에 서서 '달리 무슨 방법이 있겠는가?' 라고 생각했습니다. 그는 그 건물 앞에 네덜란드 번호판을 단 푸른색 폭스바겐을 보았습니다! 겨우 1m 떨어진 곳에서 어떤 젊은이가 그 차에서 걸어 나왔습니다. 자밀은 앤드류의 손을 움켜잡고 유고슬라비아에 온 것을 환영했습니다.

자밀은 앤드류를 위해서 통역자를 찾아주었는데, 그는 니콜라Nikola라는 이름의 공학도였습니다. 앤드류는 니콜라를

  브라더 앤드류

안내자로 삼고 그 나라에 있는 크리스천들에게 인사를 전하러 갔습니다.

그의 비자는 그가 50일 동안 유고슬라비아에 머무는 것을 허용했습니다. 그 50일 동안 앤드류는 80회 이상 집회를 가졌습니다! 그 나라의 북부 지역에서는 공개적으로 설교를 할 수 있었습니다. 남부 지역에서는 더욱 은밀하게 추진해야만 했습니다.

그러나 그가 가는 곳마다 크리스천들은 다른 크리스천들이 자기들에 대해서 염려하고 있으며, 자기들은 혼자가 아니라는 사실을 알고는 매우 기뻐했습니다. 그들은 앤드류가 가져다 준 성경책과 전도책자들을 소중하게 간직했습니다.

가장 작은 교회들 중 하나에서 앤드류는 처음으로 경찰 때문에 심각한 곤경에 빠졌습니다. 그 교회는 "기도하는 집"이었습니다. 그 곳은 유일한 신자인 안나라는 여인의 가정집이었습니다. 그러나 소문이 퍼지자 많은 사람들이 앤드류의 설교를 들으러 왔습니다. 많은 사람들이 호기심에서 찾아왔는데, 그들은 다른 나라에서 온 사람을 결코 만난 적이 없었습니다.

앤드류와 니콜라는 사람들에게 찬송가를 가르쳐 주었습니다. 그리고 나서 앤드류는 예수님의 이야기를 해 주었습니다. 그 곳에 있던 많은 사람들은 결코 그런 이야기를 들어 본 적이 없었습니다. 그들은 두 번째 찬송가를 가르치기 시작했을때 갑자기 누군가가 문을 두드렸습니다.

안나가 대답을 하자 제복을 입은 2명의 경찰관들이 방으로 들어왔습니다. 군중들은 침묵을 지켰다. 경찰관들은 수첩을 꺼내 그 곳에 참석한 사람들의 이름을 적기 시작했습니다. 그리고 앤드류와 니콜라에 대해서 질문을 했습니다.

경찰관들이 떠난 후, 몇몇 크리스천들도 떠났습니다. 그 후에는 아무도 찬송가 부르기를 원하지 않았습니다. 그러나 예배 끝에 앤드류는 예수님을 따르기를 원하는 사람이 있는지를 물었습니다. 몇 명의 사람들이 손을 들었습니다.

앤드류는 경고했습니다. "오늘밤에 그리스도를 따른다는 것이 무엇을 의미하는지 분명히 보았을 것입니다. 그래도 확실히 그분의 백성이 되기를 원하십니까?" 그들은 고개를 끄덕였습니다.

앤드류가 사역을 마치고 유고슬라비아를 떠난 후, 경찰은 안나의 "기도하는 집"을 폐쇄했습니다. 그들은 니콜라를 법정으로 소환해서 심문했습니다. 그는 징계를 받고 벌금을 물었습니다. 안나의 작은 교회를 찾을 수 있게 도와주었던 다른 사람은 그 나라에서 추방되었습니다.

유고슬라비아의 도로는 대부분 비포장 도로였습니다. 길은 매우 울퉁불퉁했으며, 창문을 닫아도 먼지가 날렸습니다. 앤드류는 그 작은 폭스바겐이 어떤 손상을 입었는지도 알지 못했습니다.

그래서 아침마다 앤드류와 니콜라는 기도를 했습니다.

"주님, 우리는 차를 수리할만한 시간도 없고 돈도 없습니다. 제발 이 차가 고장나지 않게 해 주세요!"

1957년에는 차와 트럭이 매우 귀했습니다. 그래서 두 대의 차가 서로 교차하게 될 때에는 운전사들이 차를 멈추고 도로 상태와 주유소에 대한 정보를 교환했습니다.

어느 날 아침, 앤드류와 니콜라는 차를 멈추고 트럭 운전

사와 대화를 나누었습니다. 그는 그들에게 "나는 당신들이 누구인지 알 것 같습니다. 당신은 오늘 밤 터나에서 설교를 할 네덜란드 선교사이지요?"

"그렇습니다!" 라고 앤드류가 대답했습니다.

"그리고 이것이 바로 그 기적의 **자동차**이지요? 당신은 날마다 이 차를 위해 기도를 한다면서요?" 앤드류와 니콜라는 웃으며 고개를 끄덕였습니다.

트럭 운전사는 정비사이기도 했습니다. 그는 엔진을 보자고 말했습니다. 그는 후드를 열고 시동을 걸었습니다.

"앤드류 씨, 공기여과기, 점화플러그, 기화기를 보십시오! 기계적으로 볼 때, 이 자동차가 달린다는 것은 불가능한 일

    브라더 앤드류

입니다!"

앤드류와 니콜라는 그 사람을 따라 터나로 갔습니다. 그날 밤 그들이 설교를 하는 동안에 그 정비사는 엔진을 해체했습니다. 깨끗이 닦고 수리하고 오일을 교환했습니다. 다음날 아침, 앤드류와 니콜라는 마치 새 자동차를 타고 가는 것 같았습니다. 유고슬라비아에서 그들의 마지막 경유지는 벨그레이드였습니다. 앤드류가 교회 안에서 설교를 할 때에 너무나도 사람들이 많아 누군가가 문을 뜯어 합창실에 있는 사람들도 들을 수 있게 해 주었습니다.

항상 그러하듯이, 예배 끝에 앤드류는 예수님께 생명을 바치기를 원하는 사람들은 손을 들라고 말했습니다. 그러자 합창실에 있던 모든 사람이 손을 들었습니다.

앤드류는 그와 같은 결심이 얼마나 심각한 일인지를 설명하고 두 번째로 말했습니다. 이번에는 일어서라고 말했습니다. 그러자 모든 사람이 일어섰습니다.

앤드류는 기도와 성경공부의 필요성에 대해 설명했습니다. 그가 기도에 대해서 말할 때에는 모든 사람이 듣고 있었습니다. 그러나 성경공부에 대해서 말할 때에는 얼굴 표정이 변하는 것을 보았습니다.

그 교회의 목사가 그 이유를 설명해 주었습니다. 그들은 모두 기도는 할 수 있었습니다. 그러나 그 방에 있는 사람들 중에서 오직 7명만이 성경책을 가지고 있었습니다.

하나님에 대해서 알고 배울 수 있는 성경책이 7권 밖에 없는데도 불구하고 그토록 많은 사람들이 주님을 따르겠다고 약속을 했던 것입니다.

그날 밤에 앤드류는 하나님께 약속을 했습니다. 어떤 식으로든 더 많은 성경책들을 구해서 철의 장막 뒤에 있는 하나님의 자녀들에게 보내 주겠다고 약속했습니다.

아내를 얻기 위한 기도

유고슬라비아에서 지내던 어느 날 밤에 앤드류는 기도를 했습니다. "주님, 1년만 지나면 제 나이 30살이 됩니다. 오늘 밤 아내를 얻게 해 달라고 당신에게 간구 합니다!"

그는 성경책 뒤 표지에 "1957년 4월 12일 노사키에서 아내를 얻게 해 달라고 기도를 했다."라고 적어놓았습니다.

유고슬라비아를 떠나 유럽을 가로지르면서 앤드류는 그의 고독한 방으로 되돌아가기가 무섭다고 생각했습니다. 독일의 어떤 휴게소에서 그는 성경책을 끄집어냈다. 그리고 뒤 표지에 적어놓은 것을 읽어보았습니다. 앤드류는 위테 마을로 되돌아가기 전에 아내를 얻게 해 달라고 또다시 기도하기로 작정했습니다.

그 다음 몇 주 동안에 그는 친구들을 방문하고, 기사를 쓰고, 교회에서 설교를 하느라 매우 바빴습니다.

7월에 그는 또 다시 기도했습니다. "주님, 저는 이 독신생활에 대해 다시 한번 더 기도합니다. 헛간 위에 있는 이 방에 대해서 감사하지 않는 것이 아닙니다. 그러나 하나님, 그것은 가정이 아닙니다. 가정에는 아내와 자식들이 있습니다. 어떤 사람들은 독신생활에 적합합니다. 그러나 주님, 저는 아닙니다!"

"주님, 나는 아내를 얻기 위해 두 번 기도했습니다. 아마 당신은 세 번째도 거절하실 것입니다. 만약에 그렇다면 다시는 그 문제를 기도하지 않겠습니다." 그리고 나서 앤드류는 그의 성경책 뒤 표지에 다음과 같이 기록했습니다.

"1957년 7월 7일 위테에서 아내를 얻기 위해 세 번째로 기도했다." 9월 어느 날 다른 문제로 기도하는 도중에, 앤드류는 갑자기 코리 반 담이 생각났습니다. 그녀는 초콜릿 공장에서 그와 함께 일했던 아름다운 금발 소녀였습니다.

"하나님께서 이 생각을 주셨을까?" 그는 놀랐습니다.

영국에서 공부하기 위해 링거 씨의 초콜릿 공장을 떠난 지 4년이 되었습니다. 같은 시기에 코리는 간호사가 되기 위한 공부를 시작했습니다. 그녀도 지금쯤 졸업을 했을 것입니다. 그리고 결혼을 했을지도 모릅니다.

바로 그날 아침에 앤드류는 그의 차를 타고 알크마르에 있는 코리 반 담의 집으로 갔습니다. 그러나 그 곳에는 아무도 살지 않는 것 같았습니다. 그래서 그는 링거 씨에게 코리에 대해 물어보려고 초콜릿 공장으로 갔습니다. 그의 옛 사장은 미소를 지으며 코리가 결혼했다는 말을 들은 적이 없다고 말하고는, 자기는 그녀가 어디서 살고 있는지도 알지 못한다고 말했습니다. 그래서 앤드류는 코리가 간호사 훈련을 받았던 성 엘리자베스병원에 알아보았습니다.

앤드류는 마침내 코리의 아버지가 아프다는 사실을 알아냈습니다. 그녀는 아버지를 돌보고 있었던 것입니다. 그들이 아파트로 이사했기 때문에 반 담 씨는 계단을 오르내릴 수 없었습니다.

며칠 후에 앤드류는 알크마르로 갔습니다. 그가 반 담 씨 집의 문을 두드렸을 때 코리가 대답했습니다.

"당신의 아버지를 보러 왔어요!" 앤드류는 그녀에게 말했습니다. 그는 일주일에 두 번씩 반 담 씨를 방문했습니다. 그리고 그때마다 문 앞에서 코리와 대화를 나누었습니다. 방문하러 가기 전에 그는 코리에게 프로포즈를 하는 것을 상상

해 보았습니다. '코리, 나와 결혼 해 줘. 나는 오래 동안 멀리 떠나 있을 거야. 당신이 편지를 보낼 수 있는 주소도 말해 줄 수 없어. 우리는 선교 여행을 떠날 거야. 당신은 우리가 함께 일하는 사람들에 대해서 이야기 할 수도 없을 거야. 만약에 내가 돌아오지 않는다면 무슨 일이 일어났는지 알 수도 없을 거야. 게다가 일정한 수입도 없고 집이라고는 헛간 위에 있는 다락방이야!' 그와 같은 프로포즈에 대해서 코리가 승낙하리라고는 생각할 수가 없었습니다.

10월에 그는 헝가리를 여행할 수 있는 비자를 얻었습니다. 그리고 앤드류는 마침내 프로포즈를 하기로 결심했습니다. 그는 여행을 떠나기 전에 그녀에게 결혼하자고 말했습니다. 그러나 그가 돌아올 때까지는 대답하지 말아달라고 했습니다. 그녀는 그가 없을 때에 그것에 대해 생각할 수 있을 것입니다. 그리고 그것은 그녀에게 그와 같은 생활이 어떤 것인지를 알 수 있는 기회를 제공해 줄 것입니다.

결심을 하고 난 후에 그는 즉시 알크마르로 갔습니다. 그가 반 담 씨 집의 문을 두드렸을 때, 처음에는 아무도 대답하지 않았습니다. 그러나 마침내 코리가 문을 열었습니다. 앤드류는 그녀의 얼굴을 처다보았습니다. 그리고 즉시 뭔가 잘못되었다는 것을 알았습니다.

"아버지는 어디에 계셔요?"

"30분전에 돌아가셨어요!"

프로포즈를 하기에는 좋지 않는 시간이었습니다. 장례식 때를 제외하고는 3주 동안 앤드류는 코리를 볼 수 없었습니다. 그가 헝가리로 떠나기 전에 코리에게 함께 드라이브를 하자고 말했습니다.

그는 그녀에게 말했습니다. "코리, 나는 당신과 결혼하기를 원해. 그러나 그것이 얼마나 어려운 일인지를 들어보고 대답을 해 줘요!" 그래서 그는 그들의 생활이 어떻게 될 것인지를 설명해 주었습니다. 그리고 마지막으로 말했습니다. "코리, 그래도 좋다고 말한다면 미친 짓일 거야. 그래도 나는 그러기를 원해요!"

코리는 그가 헝가리에서 돌아 왔을 때, 그에게 대답을 해 주겠다고 약속을 했습니다.

앤드류는 그가 사거나 얻을 수 있는 모든 헝가리어 성경책들과 - 그것은 그리 많지 않았다 - 기독교 서적들로 가득 찬 박스들을 가지고 헝가리로 떠났습니다. 난민촌에서 그는 헝가리에 대한 무서운 이야기들을 들었습니다.

국경에서 하나님께서는 또다시 병사들의 눈을 멀게 해 주셨습니다. 그러나 몇 분 후에 점심을 마련하기 위해 다뉴브 강가에 있는 도로에 차를 세웠을 때, 헝가리가 얼마나 무서운지 맛볼 수 있었습니다. 그는 점심을 먹으려고 이동식 스토브를 꺼내 완두콩과 당근을 담은 캔에 열을 가하기 시작했습니다. 그때 갑자기 요란한 엔진소리가 들리더니 고속 모터보트가 강을 가로질러 그에게로 다가오는 것이 보였습니다. 제복을 입은 2명의 병사들이 보트에서 뛰어 내렸습니다. 한 병사는 자동소총을 가지고 있었는데, 앤드류를 겨누고 있었습니다. 다른 병사는 그의 차를 수색했습니다.

앤드류는 속으로 기도를 했습니다.

"주님, 두려움에 굴복하지 말게 하소서!" 그는 완두콩과 당근을 휘저으며 말하기 시작했습니다.

"이런 식으로 방문해 주시는 것도 괜찮군요!" 앤드류는 병사들이 이해하지 못할 줄을 알면서 네덜란드어로 말했습니다. "당신들도 보다시피 나는 먹을 준비를 하고 있습니다." 그는 다른 접시를 꺼내 놓으며 몸짓을 했습니다.

"같이 드실래요?"

자동소총을 든 병사가 머리를 흔들었습니다.

앤드류는 다른 병사가 차를 뒤지느라 부스럭거리는 소리를 들을 수 있었습니다. 어떻게 그가 성경책들과 소책자들을 담은 박스를 발견하지 못했을까? 앤드류는 야채들을 그의 접시에 담고, 머리를 숙이고, 손을 맞잡고, 축복기도를 했습니다. 병사들은 조용해졌습니다. 그가 기도를 끝마쳤을 때 차 문이 세게 닫혔다. 그의 차를 수색하던 병사들이 물러갔습니다. 두 병사들은 잠시 동안 앤드류를 응시했습니다. 그들은 뒤돌아 서서 보트로 달려가 신속히 멀어졌습니다.

헝가리의 수도 부다페스트에서 앤드류는 B교수를 만났습니다. 그는 앤드류의 통역자가 되기로 동의했습니다. 앤드류는 폭동 이후에 헝가리의 목사들 중에서 3분의 1이 투옥되었다는 사실을 알았습니다. 나머지 목사들은 정부의 허가를 받고, 또 2개월마다 허가를 갱신해야만 했습니다. 그는 어떤 목사를 만났는데 지금은 램프 갓에 페인트칠하는 일을 하고 있었습니다. 그 목사의 허가가 거부되었고, 정부는 그 이유를 설명해 주지 않았습니다. 그는 교회에 출석도 할 수 없었습니다.

B교수는 앤드류에게 결혼식에서 연설을 해 달라고 부탁했습니다. 그는 신랑 신부에게 축하를 해 주고 나서 가장 좋은 설교를 했습니다. 그것은 결혼식이나 장례식 이외에는 사람들이 교회에 출석하기를 두려워했기 때문이었습니다. 그래서 그들은 그런 기회를 이용해서 설교를 했습니다. 앤드류는 자

기가 다른 나라에서는 어떻게 네덜란드와 주님의 인사를 전달할 수 있었는지에 대해 설명해 주었습니다. B교수는 그 아이디어를 좋아했습니다. 그는 앤드류가 인사를 전할 수 있는 교회들을 몇 군데 찾아주었습니다.

첫 번째 장소는 그 도시에서 가장 큰 교회들 중의 하나였습니다. 예배 끝에 그들은 다음날 밤에 다른 지역에서 집회가 개최될 것이라고 광고를 했습니다. 사람들은 네덜란드 선교사의 설교를 듣기 위해 교회 바깥에 있는 길에 줄을 지어 서 있었습니다.

매일 밤 B교수와 그의 친구들은 비밀경찰이 왔는지 알아보기 위해 군중들을 둘러보았습니다. 어느 날 밤에 드디어 비밀경찰이 나타났습니다. B교수와 앤드류는 뒷방에 갇혀서 심문을 당하고, 그 다음 날 아침에 경찰서로 소환되었습니다.

B교수, 앤드류, 그리고 5명의 목사들이 모여 기도를 했습니다. 그들은 많은 크리스천들이 수년 동안 기도한 것처럼 기도했습니다. 자기들에게 고문을 하거나 투옥시킬 사람들로부터 구원해 달라고 하나님께 은밀하게 간구했습니다. 그날 밤 11시 35분에 그 7명은 모두 기도를 중단했습니다. 그들은 하나님께서 그들의 기도에 응답해 주셨다는 사실을 알았습니

다. 그들은 어떻게 되는지 알지 못했습니다. 그러나 그 다음 날에 모든 것이 잘 될 것이라는 사실을 확신했습니다.

다음날 아침, 경찰서에서 기다리는 동안에 B교수가 경찰서 장은 교회를 싫어하지만 그의 부관은 보다 관대하다고 설명 했습니다. 불행하게도 그들의 취조는 경찰서장에게 배당되었 습니다. 그러나 거의 3시간을 기다린 후에 그들은 부관의 사무실르 보내졌습니다.

경찰서장이 지난밤에 병이 들었던 것입니다. 앤드류는 그 것이 11시 35분쯤에 발생했을 것이라고 확신했습니다.

부관은 단지 그들에게 더 이상 부다페스트에서 집회를 할 수 없다는 사실만을 알려 주었습니다. 그래서 B교수는 앤드 류가 동부 헝가리에서 인사를 전할 수 있는 교회들의 목사들 과 접촉했습니다.

헝가리에서 그의 시간이 끝났을 때, 앤드류는 고국을 향했 습니다. 그는 위테 마을을 방문하지 않고 코리를 만나기 위 해 직접 하를렘으로 갔습니다. 그녀는 일을 마치고 병원에서 걸어 나오고 있었습니다.

"코리, 당신을 사랑해!" 앤드류는 그녀에게 말했습니다.

"당신이 어떻게 대답하든지 간에 나는 당신을 사랑해!"

"오, 앤드류, 나도 당신을 사랑해요. 나는 당신을 걱정하고, 당신을 그리워하며, 무슨 일이 있든지 간에 당신을 위해 기도할 것이에요. 까다로운 친구보다 걱정하는 아내가 되는 것이 더 좋지 않겠어요?"

코리와 앤드류는 1958년 6월 27일에 알크마르에서 결혼을 했습니다.

사역이 점점 더 강성해지다

몇 달 후에 앤드류와 코리는 독일 난민촌에서 자원봉사자로 일하고 있었습니다. 그때 그는 성경책을 유고슬라비아로 가져가려고 결심했습니다. 그는 또 다시 신청했습니다. 그리고 베를린에 있는 유고슬라비아 영사관으로부터 필요한 비자를 받았습니다. 코리는 그와 함께 여행을 했습니다. 그것은 그들이 처음으로 함께 철의 장막 뒤로 여행한 것이었습니다.

국경의 보초들은 짐을 쳐다보지도 않았습니다. 그들은 앤드류와 코리를 신혼부부로 생각하고, 그들의 아름다운 나라에서 신혼여행을 하는 동안에 어디로 가서 무엇을 보아야 하는지에 대해 알려 주었습니다. 앤드류는 남자와 여자가 함께 여행하면 남자가 혼자 여행하는 것보다 의심을 덜 받는다는 사실을 알게 되었습니다.

그들은 함께 이 교회 저 교회를 방문했습니다. 그들이 교인들에게 성경책을 나누어 줄 때마다 사람들은 그들의 놀라운 사역을 믿지 못했습니다. 여자들은 코리를 껴안고 키스를 해 주었으며, 남자들은 앤드류의 등을 두드려 주었습니다.

유고슬라비아에서 보낸 처음 6일은 매우 성공적이었습니다. 그러나 7번째 날 저녁에 앤드류와 코리가 친구들과 함께 저녁을 먹고 있을 때, 경찰이 찾아왔습니다.

"저녁을 중단하고 말도 하지 마시오. 그리고 우리를 따라오시오!" 경찰이 명령했습니다. 경찰은 앤드류가 이전에 유고슬라비아를 여행했을 때 행한 모든 것을 알고 있었습니다. 그리고 그와 그의 아내에게 즉시 그 나라를 떠나라고 말했습니다. 그들의 비자는 취소되었습니다.

"앤드류, 나는 몹시 겁을 먹었어요!" 그들이 유고슬라비아를 떠나 오스트리아를 가로질러 독일로 가고 있는 중에도 코리는 계속해서 그 말을 했습니다.

앤드류는 유고슬라비아에서 추방되어진 것에 대해 걱정을 했습니다. 그러나 코리의 건강에 대해 더 많은 걱정을 했습니다. 그녀는 날마다 토했습니다. 그는 가능한 한 빨리 그녀를 집으로 데려가 의사에게 보이고 싶었습니다.

베를린에서 체류하는 동안에 그는 기쁜 소식을 받았습니다. 2개의 공산국가들(루마니아와 불가리아)이 그들의 영사관에 오기만 하면 비자를 내 주겠다는 것이었습니다. 그러나 그 일을 잠시 미루고 앤드류는 급히 그의 아내를 위테로 데리고 가서 의사를 불렀습니다.

"당신의 아내는 건강합니다!" 의사가 그에게 말했습니다.

"그러나 제발 그녀를 전 유럽에 끌고 다니지는 마십시오. 휴식을 취하게 하십시오. 그리고 축하합니다! 당신은 곧 아빠가 될 것입니다!"

두어 달이 지나자 코리는 훨씬 나아졌습니다. 그래서 앤드류는 불가리아와 루마니아에 대해서 생각하기 시작했습니다. 코리는 여전히 유고슬라비아에서 체포된 충격을 극복하지 못했습니다.

영국성서공회에서 구입한 불가리아 성경책과 루마니아 성경책이 도착했을 때, 그녀는 앤드류가 폭스바겐의 모퉁이와 틈새에 성경책들을 집어넣는 것을 도와주었습니다.

그녀는 "결국 나도 선교사의 아내로 등록되는 군요!" 라고 말했습니다.

그가 떠날 날이 되었을 때, 코리는 앤드류로 하여금 조심

하겠다는 약속을 하게 했습니다. "만약에 당신이 그 나라들 중의 한 나라에서 체포된다면 다시는 당신의 소식을 듣지 못하게 될 것이에요. 앤드류 우리는 당신이 돌아오기를 원해요. 당신의 아기와 나도 당신이 돌아오기를 원해요!"

불가리아로 가는 유일한 합리적인 길은 유고슬라비아를 통하는 것이었습니다. 그러나 그는 최근에 유고슬라비아에서 추방당했습니다. 정부가 너무나도 비능률적이기 때문에 베를린에 있는 그들의 영사관에 알려줄 수 없었을 것이라 생각하고, 앤드류는 다시 신청을 해서 또 다른 비자를 받았습니다. 국경의 보초들은 겨우 그의 여권만을 보았습니다. 그의 추정에 의하면 그가 도착한 것이 중앙 정부에 보고되려면 4일 정도 걸릴 것 같았습니다. 그것은 그가 옛 친구들을 찾아보고, 몇몇 교회들을 방문하고, 불가리아로 들어가는 동부 지역 국경을 넘기에 충분한 시간이었습니다.

그러나 4일 후에도 너무나도 소중한 만남들이 기다리고 있고 또 찾아볼 사람들도 많았기 때문에 앤드류는 위험을 무릅쓰고 24시간 더 체류하기로 작정했습니다. 그날 밤에 누가 그의 호텔 방의 문을 요란하게 두드렸습니다. 경찰이 그를 찾아내서 왜 그가 또 다시 유고슬라비아에 왔는지를 물었습니다. 그가 불가리아로 가기 위해 단지 지나가는 것뿐이라고 설명을 해도 그들은 만족하지 않았습니다.

그들은 그에게 더 이상 유고슬라비아 국민들과 접촉하지 말라고 명령했습니다. 그리고 24시간 이내에 그가 들어 온 곳으로 나가라고 말했습니다. 그는 불가리아 국경이 불과 80km 전방에 있으므로 더 빨리 그 나라에서 빠져나갈 수 있을 것이라는 점을 지적했습니다.

그러나 그들은 그가 되돌아가기를 고집했습니다. 그것은 그가 이탈리아를 종단하여, 페리 여객선을 타고 그리스로 가서, 반대 방향으로 불가리아에 들어가야만 한다는 것을 의미했습니다. 그리고 그것은 2,400km 더 운전하고 비용도 추가적으로 부담해야 한다는 것을 의미했습니다.

앤드류는 낙심을 했으나 믿을 수 없는 어떤 일이 일어났습니다. 곧바로 불가리아에 들어갈 수 있게 되었습니다. 그래서 그는 하나님께서 특별한 계획을 가지고 계시며 그의 여행의 세부적인 곳까지 돌보아 주고 계신다는 사실을 확신하게 되었습니다.

유고슬라비아에서의 마지막 밤, 그를 그 나라에서 추방시

킨 밤, 앤드류는 자기의 가장 가까운 친구가 불가리아 소피아시에 살고 있다고 말하는 남자를 만났습니다. "페트로프는 교회 성도들 중의 한 사람입니다." 그 남자는 말했습니다. "그를 만나러 가시겠습니까?"

앤드류는 불가리아에서 접촉할 수 있는 사람을 발견하고는 매우 기뻤습니다. 그는 페트로프의 주소를 암기했습니다. 당국자들 때문에 어려움 당할 것을 예상하고 기록으로 남겨두지 않았습니다. 그러나 막상 소피아에 도착해 보니 그 넓은 도시에서 페트로프를 찾는다는 것은 매우 어려운 일이었습니다. 그의 유고슬라비아 친구는 만약에 외국인이 페트로프의 주소를 찾는다면 그가 위험에 빠질 것이라고 경고했습니다.

　앤드류는 호텔에 투숙했습니다. 그는 직원에게 어디서 지도를 살 수 있는지 물어 보았습니다. 그 직원은 길모퉁이 근처에 서점이 있을 것이라고 말했습니다. 그러나 그 서점에도 없었기 때문에 앤드류는 호텔 직원에게로 되돌아왔습니다. "분명히 지도가 전혀 없습니까?" 라고 그가 물었습니다.

　그 직원은 그를 의심스럽게 쳐다보며, "왜 지도가 필요합니까?" 라고 물었습니다.

　앤드류는 "오, 나는 불가리아 말을 할 줄 모릅니다. 그래서 길을 잃고 싶지 않습니다!" 라고 대답했습니다.

　그 말이 직원을 만족시켰던 것 같았습니다. "우리가 가진 것이라고는 이 작은 지도 밖에 없어요!" 그는 책상 위 유리 깔판 밑에 있는 손으로 그린 작은 지도를 가리켰다. 그 지도에는 단지 그 도시의 주요 도로들만 표시되어져 있었습니다. 그는 그것이 그리 도움이 되지 않을 것이라 생각했습니다.

　그러나 그는 지도를 쳐다보며 관심이 있는 척했습니다. 그 조잡한 지도를 그린 사람은 단지 몇 개의 주요 도로들의 이름만 기록해 놓았는데 단 하나의 예외가 있었습니다. 그 호텔에서 몇 블록 떨어져 있는 작은 도로의 이름이 기록되어져 있었습니다. 그리고 그것이 바로 앤드류가 찾던 도로였습니다! 그 지도에는 다른 작은 도로들의 이름은 전혀 기록되어져 있지 않았습니다. 앤드류는 자신의 여행이 오래 전부터 준비되어졌다는 사실을 알게 되었습니다.

그 다음 날 아침, 앤드류는 호텔을 빠져나와 페트로프가 살고 있는 거리에 도착했습니다. 이제 그가 해야 할 일은 올바른 번지를 찾는 것이었습니다. 그가 인도를 걸어가고 있을 때, 반대 방향에서 어떤 남자가 걸어오고 있었습니다. 그들은 앤드류가 찾고 있던 번지에서 마주쳤습니다. 그것은 커다란 아파트였고 두 사람은 동시에 이면도로로 접어들었습니다. 그들이 정문에 도달했을 때, 앤드류는 그 낯선 사람을 쳐다보았습니다. 그리고 그 순간에 앤드류는 "이심전심으로 알아보겠군요!" 라고 말했습니다.

그들은 더 이상 아무 말도 하지 않고 나란히 계단을 올라갔습니다. 그 낯선 사람이 자기 아파트에 도달했을 때, 그는 열쇠를 꺼내서 문을 열었습니다. 앤드류가 걸어 들어가자 그 사람은 문을 닫았습니다. "나는 네덜란드에서 온 앤드류입니다!" 라고 네덜란드 사람이 영어로 말했습니다.

"나는 페트로프입니다!" 라고 낯선 사람이 말했습니다.

앤드류가 유고슬라비아에 있는 페트로프의 친구의 인사를 전하자 그 두 사람은 서로를 껴안았습니다. 페트로프는 앤드류를 그의 아내에게 소개한 후, 그 세 사람은 무릎을 꿇고 서로를 만나게 해 주신 하나님께 감사를 드렸습니다.

잠시 동안 이야기를 나눈 후에 앤드류가 말했습니다.

"불가리아와 루마니아에서는 성경이 매우 귀하다면서요?"

그 대답으로 페트로프는 그를 그의 책상으로 데리고 갔습니다. 거기에는 낡은 타자기와 출애굽기 부분이 펼쳐진 성경책이 있었습니다. 페트로프는 그 상황에 대해 설명을 해 주었습니다. 3주 전에 그는 싸게 파는 한 권의 성경책을 발견했습니다. 그것은 1달 치 봉급에 해당하는 금액이었습니다. 싸게 파는 이유는 창세기, 출애굽기, 그리고 요한계시록이

잘려 나갔기 때문이었습니다. 그는 자신의 성경을 보고 없어진 페이지들을 타이핑하고 있었습니다. 약 4주 정도면 끝마칠 수 있을 것이라고 예상하고 있었습니다.

"두 번째 성경책은 어떻게 하실 작정입니까?"

"줘야지요!"라고 그가 대답했습니다.

"성경책이 없는 작은 교회에 줘야지요!"라고 그의 아내가 덧붙였습니다.

"이 나라에는 그런 교회가 많이 있습니다." 앤드류의 늘란 표정을 보며 페트로프가 말했습니다. "루마니아나 소련도 마찬가지입니다. 옛날에는 평신도들은 글을 읽을 줄 몰랐기 때문에 성직자들만 성경책을 가지고 있었습니다. 공산화 이후로는 성경책을 사는 것 자체가 불가능해졌습니다."

앤드류는 자기 차 안에 들어 있는 보물들을 페트로프에게 보여 주고 싶어서 더 이상 기다릴 수가 없었습니다. 그날 저녁에 그는 자기의 차를 아파트로 몰고 갔습니다. 거리에 사람들이 없는 것을 확인한 후, 수년 동안 그 사람에게 전달하고 싶어했던 성경책 상자들 중의 첫 번째 것을 가지고 들어갔습니다.

"이것이 무엇입니까?" 앤드류가 그 상자를 탁자 위에 놓자 페트로프가 물었습니다. 앤드류는 뚜껑을 열고 불가리아 성경책을 끄집어냈습니다. 그는 그것을 페트로프의 떨리는 손에 쥐어주었습니다. 그리고 또 다른 성경책을 그의 아내에게 주었습니다.

"상자 안에 더 있습니까?" 페트로프는 알고 싶어했습니다.

"예, 상자 안에는 더 많은 성경책들이 있습니다. 그리고 차 안에는 더 많이 있습니다!"

페트로프는 눈을 감았습니다. 그의 입술이 떨리고 있었습니다. 기쁨의 눈물이 그의 얼굴에 흘러내리기 시작했습니다. 그리고 그가 들고 있는 성경책 위에도 떨어졌습니다.

그 다음날 앤드류와 페트로프는 불가리아 전역을 순회하는 여행을 시작했습니다. 그리고 성경책이 없는 교회들에게 성경책을 나누어주었습니다. 이웃 사람들이 듣고 당국에 신고할까봐 가정집이나 아파트에서 은밀하게 만나 음악이나 찬송가 없이 조용하게 예배를 드렸습니다.

그들이 가는 곳마다 앤드류는 네덜란드와 주님으로부터의 인사를 전했습니다. 그리고 모든 교회에서 사람들이 새 성경책을 받고 너무나도 흥분하여 다른 교회들을 추천해 주었습니다.

"우리는 수년 동안 이와 같은 일을 기다렸습니다!" 불가리아의 크리스천들이 그에게 말했습니다. 그러나 곧 성경책이 떨어졌습니다. 그리고 이제는 루마니아로 가야 할 시간이 되었습니다.

"몸이 10개라면 좋겠어요!" 그는 새로 사귄 불가리아 친구들에게 말했습니다. "내 몸을 수십 개로 쪼개서 모든 부름에 응할 수 있었으면 좋겠어요. 언젠가는 그럴 수 있는 방법을 찾아보겠습니다!"

한스에게 보내는 편지

루마니아에서도 상황은 조금씩 달랐지만 기본적인 이야기는 불가리아에서와 마찬가지였습니다. 국경의 보초들이 앤드류의 앞에 줄지어 서 있는 5대의 차량들을 검색하고 있었습니다. 1대당 적어도 30분은 걸리는 것 같았습니다. 그의 폭스바겐을 조금만 조사해 보면 다른 물건들 밑에 숨겨놓은 루마니아 성경책 상자들을 발견할 수 있을 것입니다. 보초들이 그의 앞 차들의 좌석을 뒤지는 동안에 앤드류는 또다른 기적을 위하여 기도했습니다.

그는 실제로 그의 성경책들 중의 몇 권을 좌석 위 눈에 잘 띄는 곳에 두었습니다. 그리고 그는 하나님께 기도했습니다.

“주님, 나의 능력으로는 통과할 수 없습니다. 나는 전적으로 주님만을 의지합니다.”

그의 차례가 되었을 때, 앤드류는 보초에게 그의 여권을 건네 주고는 차에서 내리려고 했습니다. 그러나 그 보초는 그의 여권을 한번 쳐다보더니 뭔가를 적고는 열려진 창문을 통해 되돌려 주고 손을 흔들며 그냥 지나가라는 신호를 보냈습니다. 그 시간은 30초도 걸리지 않았습니다!

하나님께서는 확실히 역사하고 계셨습니다!

루마니아에서는 경찰의 단속이 심했습니다. 어떤 교회 지도자들은 겁을 먹고 앤드류와 대화를 나누는 것이 눈에 띄지 않기를 원했으며, 심문을 받고 체포를 당할까봐 성경책 받기를 거부하기도 했습니다.

그러나 낙심한 크리스천들에게는 “네덜란드의 크리스천 형제들이 전하는 인사”가 많은 용기를 제공해 주었습니다. 그는 그들에게 네덜란드로 돌아가면 다른 사람들에게 그들의 용기와 필요로 하는 것들에 대해서 말해 주겠다고 약속했습니다. 수년 동안 고립되고 고난을 당한 후, 그들이 혼자가 아니며 다른 사람들이 그들을 위해서 기도하고 있다는 사실을 듣는 것만으로도 루마니아의 크리스천들이 그들의 믿음을 유지하는데 필요한 소망을 가져다주기에 충분했습니다.

날짜는 빨리 지나갔습니다. 그리고 성경책도 떨어졌습니다. 그는 오랫동안 머물면서 더 많은 사람들을 만나고 싶었지만 코리가 해산할 날이 가까워졌기에 그는 아기가 탄생하기 전에 집으로 돌아가기를 원했습니다.

그리고 그는 네덜란드의 집으로 돌아갔습니다. 앤드류와 코리의 첫 번째 아들은 1959년 6월 4일에 태어났습니다. 앤드류와 그의 형제자매들이 태어날 때에 그의 아버지가 그랬던 것처럼, 조피Joppie는 앤드류가 지켜보는 가운데 집에서 태어났습니다.

조피가 성장해 감에 따라 앤드류의 사역도 성장했습니다. 그 다음 해에 앤드류는 가능한 한 모든 공산국가들을 수 차례나 다시 방문했습니다. 그의 사역이 그렇게 성장해 감에 따라 새로운 도전들이 찾아왔습니다. 그가 계속해서 기사를 쓰고 강연을 했기 때문에 그가 없는 동안에 그에게 보낸 편지들이 쌓였습니다.

보다 큰 문제는 그의 기사와 강연 때문에 그가 주목을 받게 되었다는 점입니다. 만약에 그가 계속해서 본명을 사용한다면 국경을 안전하게 왕래할 수 있는 자유가 제한될까봐 걱정이 되었습니다. 그는 자기의 본명 사용하기를 중단하고 "브라더 앤드류Brother Andrew" 라는 이름을 사용하기로 작

정했습니다. 그것은 철의 장막 뒤에서 불려지던 이름이었습니다. 그 곳에서는 많은 크리스천들이 그의 성을 사용하지 않았습니다. 그는 또한 사람들이 그의 사역에 대해 편지를 보낼 수 있도록 다른 도시에서 우편 사서함을 개설했습니다. 그런 것들은 작은 주의에 지나지 않았습니다. 굳이 알고자 하는 사람이라면 누구든지 그의 정체를 알아낼 수 있었습니다.

그의 사역이 확장되어감에 따라서 생기는 가장 큰 문제는 집을 비우는 시간이 점점 더 많아진다는 것이었습니다. 독신으로 여행하는 것은 그에게 아무런 문제가 되지 않았습니다. 그러나 그의 아내와 아기는 그를 필요로 했습니다.

링거 사장은 언제든지 그의 초콜릿 공장에서 책임자 일을 하라고 말했습니다. 그리고 암스테르담에 있는 어떤 교회는 그를 목사로 초빙했습니다. 그러나 유혹적인 제의를 받을 때마다 발신인이 없는 편지가 왔습니다. 동유럽 어딘가의 소인이 찍힌 그 편지들은 그 곳의 크리스천 형제자매들이 직면하고 있는 새로운 문제들이나 심각한 필요에 대해서 말하고 있었습니다. 그럴 때면 앤드류는 짐을 싸고, 그의 작은 차에 성경책을 싣고, 공산국가들의 교회들을 격려하고 강화시키기 위해 출발했습니다.

하나님께서는 놀라운 방법으로 계속해서 앤드류를 보호해 주셨습니다. 그리고 비록 그가 자신의 사역에 필요한 비용에 대해 말하지 않았을지라도 주님께서는 그의 기사를 읽고 그의 강연을 들은 사람들의 꾸준한 기부금을 통해서 사역과 가정에 필요한 것을 공급해 주셨습니다.

그 다음 2년 동안 2명의 자녀들 - 마크 피터Mark Peter와 폴 데니스Paul Denis - 이 더 태어났을지라도 주님께서는 그들을 키우고 가정을 꾸리는데 필요한 것들을 충분히 채워주셨습니다.

만약에 앤드류가 가장으로서의 책임을 완수하려면 분명히 그의 사역에 도움을 줄 사역자를 필요로 했습니다. 어느 날 밤, 앤드류는 코리에게 말했습니다. "만약에 하나님께서 우리가 사역을 확장시키기를 원하신다면 분명히 어떤 사람들을 준비해 주실 거야. 그런데 그 사람들을 어떻게 찾지?"

"기도해 보세요!" 그의 아내가 말했습니다.

앤드류는 웃었습니다. 물론 코리의 말이 맞아서 그들은 기도를 했습니다. 즉시 앤드류는 어떤 이름을 생각해냈습니다. 한스 그루버Hans Gruber는 네덜란드의 거인이었습니다. 그의 신장은 2m였습니다. 앤드류는 난민촌에서 그와 함께 일한 적이 있었습니다.

그 다음 날, 앤드류는 한스에게 편지를 써서 공산 세계에 선교사로 일하고 싶지 않은지를 물어보았습니다. 만약에 그가 자기의 제의를 수락한다면 먼저 비교적 여행이 자유로운 러시아로 들어가게 될 것이라고 말했습니다. 이제는 외국인들도 공식적인 수행원의 호위를 받지 않고도 방문할 수가 있었습니다.

한스는 앤드류의 제의를 받아들였습니다. 6학년(그가 다니던 학교의 마지막 학년) 이후로, 앤드류는 러시아의 지도를 바라볼 때마다 이상한 감정을 느꼈습니다. 마치 '언젠가 너는 그 땅에서 나를 위하여 일하게 될 것이다.'라는 음성이 들리는 것 같았습니다. 한스에게 쓴 편지에 "그때 이후로 나는 러시아어를 공부하면서 때가 올 것을 대비하여 준비를 하고 있었습니다."라고 썼습니다.

바로 그때가 왔습니다. 앤드류와 그의 새로운 파트너는 즉시 함께 공산주의의 종주국인 러시아로 최초의 여행을 떠날 준비를 했습니다. 낡고 푸른 폭스바겐에게는 좋은 시절이 다 지나갔습니다. 한스는 그 작은 차에 몸을 실을 수가 없었습니다. 그래서 그들은 오펠Opel왜건 트럭을 구입했습니다. 그것은 보다 많은 성경책을 실을 수 있는 공간을 제공해 주었을 뿐만 아니라 차안에서 잠을 잘 수 있을 만큼 충분히 넓어서 호텔 숙박비를 절약할 수도 있었습니다.

앤드류와 한스는 가는 길에 베를린을 들렀습니다. 친구들이 성경책을 러시아에 밀수출한다는 생각에 너무나도 흥분했기 때문에 그들은 자기들의 교회가 가지고 있던 러시아 성경책을 기증하기를 원했습니다. 앤드류는 차가 이미 가득 찼다고 생각했습니다.

"물론 가지고 가야지요!" 한스는 동의를 하고 나서 앤드류를 돌아다보며 미소를 지었습니다. "이왕 성경책을 가지고 가다가 체포될 바에야 많이 가지고 가는 게 더 났겠지!"

그들이 그 성경책들을 집어넣을 때, 다른 친구들이 우크라이나 성경책을 가지고 왔습니다. 이제 더 이상 공간이 남지 않았습니다. 앤드류는 한스를 쳐다보았습니다. 그는 미소를 지으며 말했습니다.

"당신은 성경책을 눈에 띄기 쉬운 곳에 두었다고 말했어요. 그러나 그것은 하나님께서 하신 일이지 당신이 한 일이 아닙니다. 나는 성경책을 무릎 위에 올려놓겠어요!"

브레스트에서 러시아 국경 보초들은 차를 검색하는 것보다 새 오펠왜건의 후드 밑을 들여다보는데 더 관심이 많았습니다. 그 병사들은 필요한 서류에 도장을 찍어주며, 앤드류와 한스에게 잘 다녀오라고 말했습니다.

앤드류는 모스크바기독교회 사람들은 아무도 알지 못해서 그와 한스는 목요일 저녁 기도회에 찾아갔습니다. 그들은 교인들 중에서 앤드류의 친구를 찾을 수 없었습니다. 예배를 마친 후에 그들은 하나님께서 그들을 믿을 수 있는 사람에게로 인도해 달라고 조용히 기도하면서 사람들로 가득 찬 현관을 배회했습니다. 한스와 앤드류는 동시에 같은 사람에게로 인도되어지는 것을 느꼈습니다. 그는 마르고 머리가 벗겨진 40대의 신사였습니다. 그는 벽에 기대어 홀로 서 있었습니다.

한스는 그에게 러시아어로 인사를 하며, 자기들이 누구이며 어디서 왔는지를 말해 주었습니다. 그가 네덜란드라는 말을 들었을 때 웃음을 터뜨렸습니다. 그의 부모들은 독일 사람들인데 시베리아로 이주했지만, 그의 가족들은 집에서 모국어를 사용한다고 말했습니다. 그리고 나서 그는 앤드류와 한스에게 믿을 수 없는 이야기를 말해 주었습니다. 그 사람은 3,200km 떨어진 시베리아의 작은 교회에 다니고 있었습니다. 그 곳에서 매주 성경책도 없이 150명 가량의 교인들이 예배를 드렸습니다. 어느 날 꿈속에서 그는 자기의 교회를 위한 성경책을 발견하게 될 것이니 모스크바로 가라는 말을 들었습니다. 그는 처음에는 그 꿈을 믿지 않았습니다. 모스

     브라더 앤드류

크바에는 성경책이 거의 없다는 것을 모든 사람들이 다 알고 있었기 때문이었습니다. 그러나 결국 그는 꿈속에서 받은 지시를 따르기로 작정했습니다.

그 두 사람의 성경 밀수출자들은 서로를 쳐다보며 믿을 수 없다는 표정을 지었습니다. 앤드류가 고개를 끄덕이자 한스는 그에게 좋은 소식을 말해 주었습니다.

"당신은 성경책을 구하러 서쪽으로 3,200km를 왔다고 말했습니다. 우리는 러시아 교회들에게 성경책을 전달하기 위해서 동쪽으로 3,200km를 왔습니다. 그리고 오늘밤 이 자리에서 만났습니다. 우리는 만나는 즉시 서로를 알아보았습니다." 그 말을 하고 한스는 그 사람에게 커다란 러시아 성경책을 건네 주었습니다. 그 시베리아 사람은 한참 동안 말 없이 서 있었습니다. 그리고는 그들을 얼싸안았습니다.

그들이 방문한 모든 공산국가들과 마찬가지로 앤드류와 한스가 성경책을 필요로 하는 교회들과 사람들을 다 만나기도 전에 성경책이 떨어졌습니다. 그들이 아무리 많은 성경책들을 차에 숨겨 온다 할지라도 결코 충분하지 않았습니다.

또 다른 문제는 책의 크기였습니다. 러시아어는 다른 슬라브 언어들과 마찬가지로 보다 작고 단순한 라틴 알파벳 대신에 키릴 문자로 쓰여졌습니다. 그래서 러시아 성경책은 네덜란드나 영국의 성경책보다 서너 배는 더 컸습니다.

앤드류와 한스는 우크라이나를 통해 집으로 돌아오는 도중에 우크라이나 성경책 한 상자를 배포했습니다. 어떤 교회에서 크리스천 한 사람을 만났는데, 그는 그들에게 포켓 사이즈의 우크라이나 성경책을 보여 주었습니다. 앤드류는 작지만 그런 대로 읽을 만한 그 성경책을 보고 깜짝 놀랐습니다. 그리고 그때, 그 자리에서 꿈이 탄생했습니다. 그들은 포켓 사이즈의 슬라브어 성경책을 인쇄할 수 있는 기관을 찾았습니다. 그것이 가능하다면 그들은 한번에 수천 권씩 성경책을 러시아로 가지고 갈 수 있을 것입니다.

삼 년 후, 그 꿈은 실현되었습니다. 일이 더 잘되려고 앤드류가 소속된 기관이 자체적으로 인쇄를 했습니다. 그러는 동안에도 사역은 점점 더 성장했으며, 롤프Rolf라는 젊은이와 그의 아내 엘레나Elena가 앤드류의 선교팀에 합류했습니다. 롤프는 그와 함께 모스크바로 갔습니다. 거기서 그들은 650권의 포켓용 러시아 성경책들을 나누어주었습니다.

세월은 흘러가고, 앤드류의 사역은 더욱 많은 나라들로 퍼져나갔습니다. "오픈도어Open Door"라는 이름을 가진 그의 비영리 선교단체는 더욱 많은 선교사들을 거느리게 되었고, 계속해서 그리스도에 대한 믿음으로 인해 박해받는 크리스천들을 격려할 수 있는 새로운 기회를 찾게 되었습니다.

예를 들자면, 앤드류는 공산주의 국가들에게 자동차를 선물로 가져다줄 수 있었습니다. 그것은 서유럽의 크리스천들이 개인적인 운송수단을 가질 여유가 없는 목사들에게 준 것이었습니다. 따라서 그들은 보다 자유롭게 여행하며 그들의 사역을 확장시킬 수 있었습니다. 그러나 "오픈도어선교회"의 기본적인 사역은 계속해서 고난받는 교회들에 속한 크리스천 형제자매들을 격려하는 것이었습니다. 그들은 성경책을 가져다주고, 하나님의 사랑을 나누어주었으며, 그 사람들이 혼자가 아니라는 사실을 상기시켜 주었습니다.

"오픈도어선교회"의 새로운 선교사들이 많은 여행을 하는 동안에 앤드류는 더 많은 글을 쓰고 강연을 했습니다. 그는 서구의 크리스천들에게 "오픈도어선교회"의 사역과 공산국가에 살고 있는 형제 크리스천들의 믿을 수 없는 고통에 대해 말해 주었습니다. 거기서는 크리스천이 된다는 것이 박해와 투옥, 그리고 때로는 고문과 죽음을 의미했습니다.

그는 자신의 사명에 대한 책을 썼습니다. 그는 자기가 어떻게 하나님의 역사 하심을 보았는지에 대해 자세히 설명했습니다. 그리고 자기가 공산국가에서 만난 경건한 크리스천들에 대해서도 설명했습니다.

　그의 저서 「하나님의 밀수출자(God's Smuggler)」는 베스트셀러가 되었습니다. 그것은 수백만 권이 팔렸으며, 전세계의 고난받는 교회들의 고통에 대해 주목하게 만들었습니다. 그 책으로 인해 "오픈도어선교회"의 사역은 새로운 관심과 지원을 받게 되었습니다.

　앤드류는 자기의 꿈을 확장시켜 세계의 다른 지역에도 성경을 보급하려 하고 있습니다. 그는 그 곳에서도 수년 전에 하나님께서 자기에게 주신 명령, 즉 "너는 일깨워 그 남은 바 죽게 된 것을 굳게 하라"(계 3 : 2)는 명령을 따를 것입니다.

　브라더 앤드류

13

방수포장지로 싸여진 232개의 1톤 짜리
화물덩어리들이 물 위에 떠 다녔습니다.
그리고 3대의 고무보트들이
성경책을 해변으로 끌고 갔습니다.

성경책들로 가득 찬 배

어느 날 모스크바에서 버스를 탔을 때, 앤드류는 옷깃에 십자가를 단 중국인 옆에 앉게 되었습니다. 앤드류는 자신을 소개했습니다. 그리고 옆자리에 앉은 사람이 상하이 YMCA의 총무라는 사실을 알게 되었습니다. 앤드류는 그의 귀를 믿을 수가 없었습니다. 공산화 된 중국에도 YMCA가 있다는 말인가? 그 사람은 앤드류에게 명함을 건네주면서 한 번 방문해 달라고 요청했습니다.

그 만남은 앤드류의 가슴에 새로운 꿈을 심어 주었습니다. 그는 중국에 있는 크리스천들도 만나고 싶었고, 그 곳에는 얼마나 많은 크리스천들이 있을지 궁금했습니다. 공산주의

혁명이 일어나기 전에는 많은 선교사들이 중국에 갔습니다. 그 당시 설립된 교회들은 어떻게 되었을까? 크리스천들은 그들의 믿음 때문에 박해를 받고 있을까? 그들도 역시 성경책을 필요로 할까?

앤드류는 미국 캘리포니아주로 강연을 하러갔습니다. 거기서 그는 타이완으로 날아가 중국 본토에 들어갈 수 있는 방법을 알아보았습니다. 그는 타이완에서 홍콩으로 갔고, 비행기에서 옆자리에 앉은 사람이 공산 정부 당국자들은 결코 그를 중국으로 들여보내지 않을 것이라고 말했습니다. 왜냐하면 그가 타이완에서 왔기 때문이었습니다. 그리고 그의 여권에 미국 도장이 찍혀 있기 때문에 결코 들어갈 수 없을 것이라고 말했습니다.

앤드류는 홍콩 YMCA에 투숙했습니다. 그 곳에서도 그의 여권에 타이완과 미국의 도장이 찍혀 있기 때문에 중국 정부는 결코 그의 입국을 허락하지 않을 것이라는 말을 몇 번이나 들었습니다.

마침내 앤드류는 네덜란드 영사관에 가서 자기는 선교사인데 중국 본토를 여행하고 싶다고 말했습니다. 영사는 그의 여권을 체크하고는 그가 중국에 들어가는 것은 불가능한 일이라고 말했습니다. 현재의 여권으로는 어림도 없고, 새로운 여권을 발행해 줄 수도 없다는 것이었습니다.

앤드류에게 있어서 그것은 또다시 하나님께서 역사 하실 시간이라는 것을 의미했습니다.

그 다음 날 아침, 그는 비자 업무를 다루는 정부 기관인 중국 여행국에 찾아갔습니다. 당국자가 물은 질문들 중의 첫 번째는 "당신은 미국이나 타이완을 여행한 적이 있습니까?"라는 것이었습니다.

"나는 방금 타이완에서 왔습니다. 그리고 그 전에는 미국에 있었습니다!"

"그렇다면 당신은 중국에 들어갈 수 없습니다." 그 당국자가 설명했습니다. "그 나라들은 우리의 적입니다!"

하여튼 간에 앤드류는 서류를 작성했고, 3일 동안 금식하면서 기도했습니다. 그리하여 3일 째 되는 날에 그는 비자를 받았습니다.

앤드류는 기차를 타고 홍콩에서 중국 국경으로 갔습니다. 거기서 6명이 한 줄로 서서 철교를 건너 중국으로 걸어서 들어갔습니다.

국경에서 그의 가방을 검사하는 보초는 젊은 여성이었습니다. 앤드류는 그의 가방을 열었습니다. 보초는 성경책을 쳐다보았습니다. 그리고는 그를 그냥 보내 주었습니다. 앤드류는 '그녀가 성경책을 본 적이 없구나. 아마 그녀는 그것이 무엇인지 알지 못했을 거야.'라고 생각했습니다.

그 나라에 들어가는 것은 기적과 같았습니다. 그러나 앤드류는 거기서 크리스천을 만나지 못했습니다. 성경책을 파는 서점에는 성경책이 많이 있었으나 사는 사람이 없었습니다. 그는 신학교를 방문했는데, 거기서는 학생들에게 미국을 미워하라고 가르쳤지만 예수님을 사랑하라고는 가르치지 않았습니다. 그는 자기가 가지고 온 성경책을 한 권도 나누어주지 못했습니다. 그가 발견한 유일한 교회는 노인들 몇 명만 참석하고 있었습니다. 앤드류는 낙심하면서 집으로 돌아왔습니다. 그러나 중국 교회에 대해서는 여전히 관심을 가지고 있었습니다.

1970년에 앤드류는 브라더 데이비드Brother David라는 사람을 만났습니다. 그도 역시 성경책을 중국으로 가지고 가기를 원했습니다. 데이비드는 날마다 중국으로 라디오 프로그램을 방송하여 예수의 복음을 전하는 방송국에서 일하고 있었습니다. 그는 1,000만 권의 성경책을 중국으로 보낼 기회를 얻기 위해 기도하고 있었습니다.

그와 앤드류는 안전하게 성경책을 중국 크리스천들의 손에 전달할 수 있는 새로운 방법을 찾았습니다. 그 당시 중국인들은 작은 책자를 가지고 다녔습니다. 「마오의 붉은 책」은 중국의 최고 지도자 모택동의 어록을 모은 것입니다. 앤드류와 데이비드는 신약성경을 같은 크기, 같은 모양, 같은 색으로 인쇄하여 그것을 「예수의 붉은 책」이라고 부르지 못할 이유가 없다고 생각했습니다. 그것은 마오의 책과 같아 보이기 때문에 사람들이 의심을 받지 않고 대중 앞에 가지고 다닐 수 있었습니다.

그날 앤드류는 25,000권의 「예수의 붉은 책」을 주문했습니다. 그리고 그 다음 몇 달 동안 데이비드는 그 성경책들을 중국으로 가지고 갈 수 있는 방법을 연구했습니다. 그는 다른 나라에 살고 있는 중국 크리스천들의 위치를 파악하여, 그들이 고향을 방문할 때마다 「예수의 붉은 책」을 가지고 가도록 요청했습니다. 그는 잘 알려지지 않은 산길과 잘 사용하지 않는 국경길을 찾아 무역상들을 통해 성경책을 반입할 수 있었습니다. 머지 않아 25,000권의 성경책들이 모두 국경을 넘어갔습니다.

데이비드와 앤드류는 계속해서 1,000만 권의 성경책을 중국으로 보낼 꿈을 꾸고 있었습니다. 그리고 그 꿈은 결국 가장 대담한 작전으로 이어졌습니다. 1년 이상 계획하고 기도한 후, 그들은 단 하루 밤에 100만 권의 성경책을 중국으로

밀수출했습니다. 수많은 중국 크리스천들이 하나님의 말씀을 위해 목숨을 걸었기 때문에 그 이름을 "진주 프로젝트" 라고 붙였습니다. 100만 권의 성경책은 너무나도 무거워서 비행기로 운반할 수 없었습니다.

그러나 배를 사용하면 가능한 일이었습니다. 데이비드와 앤드류는 해변을 찾기 시작했습니다. 중국 남부 해변에 있는 스와토우 근처에서 그들은 대부분의 주민들이 크리스천인 작은 해변 마을을 발견했습니다. 그 크리스천들은 성경책을 자기들의 나라로 가져가기 위해 기꺼이 목숨을 걸었습니다.

문제는 어떤 형태의 배를 사용할 것인가라는 것이었습니다. 중국 해변에서는 예인선이 끄는 바지선을 흔히 볼 수 있었습니다. 그런 배라면 잘해낼 수 있을 것입니다. 그러나 예인선과 바지선을 특별히 손질을 해야 할 필요가 있었습니다. 예인선은 대개 4 - 5명의 사람들이 잘 수 있지만 그들에게는 20명의 사람들이 잘 수 있는 배가 필요했습니다.

그들은 아직 건조 중인 예인선을 싱가포르에서 발견했습니다. 그들의 계획에 사용하기 위해 그것을 주문하는 데는

480,000달러가 필요했습니다. 캘리포니아주에 있는 어떤 교회가 그 비용의 대부분을 부담하기로 동의했습니다. 그들은 그 예인선을 미가엘Michael이라고 불렀습니다.

100만 권의 성경책을 바지선에 싣는 것은 문제가 되지 않았습니다. 그러나 그 많은 량의 성경책을 바지선에서 해변으로 신속하게 옮기는 데에는 특별한 방법이 필요했습니다. 그들은 한 쪽에 물을 담아 갑판이 수면 아래로 가라앉아 화물을 뜨게 만드는 특별한 바지선을 만들었습니다. 그들은 그 바지선을 가브리엘라Gabriella라고 불렀습니다.

브라더 데이비드가 탄 예인선은 닻을 올리고 북쪽에 있는 중국 해안으로 향했습니다. 그리고 중국에 있는 기독교 지도자들에게 무전을 보냈습니다.

"우리는 디너 파티를 합니다. 사람들이 너무 많기 때문에 우리는 21개의 티컵들과 18그릇의 밥을 준비했습니다." 그것은 배가 7월 18일 21시에 도착할 것이라는 암호였습니다.

배들이 해변에 접근했을 때, 바다는 조용하고 날씨도 좋았으며 그들이 해변에 도달하기 전에 어둠이 깔렸습니다. 데이비드는 해변을 향하여 3번 플래시를 비추었습니다. 그러자 즉시 3번의 플래시가 응답을 했습니다. 중국의 크리스천들은 이미 준비를 하고 있었던 것입니다.

예인선은 가브리엘라를 가능한 한 육지에 가깝게 끌어당겼습니다. 선원들은 갑판을 물 속에 가라앉히기 시작하면서 3개의 고무보트를 수면 위에 내렸습니다. 그리고 데이비드는 고무 보트를 타고 그 곳에서 기다리고 있던 사람들에게 인사를 하기 위해 해변으로 다가갔습니다.

방수포장지로 싸여진 232개의 1톤 짜리 화물덩어리들이 물 위에 떠 다녔습니다. 그리고 3대의 고무보트들이 성경책을 해변으로 끌고 갔습니다.

해변에는 2,000명 이상의 중국 크리스천들이 인간 쇠사슬을 형성하고 있었습니다. 어떤 사람들은 물이 목까지 찼습니다. 그들은 상자들을 해변으로 전달했습니다. 다른 사람들은 짐 꾸러미를 개봉하고 재빨리 짐을 꺼내 근처 나무숲으로 가지고 갔습니다.

1톤 짜리 짐 꾸러미에는 48상자의 성경책들이 담겨져 있었습니다. 그리고 각각의 상자들은 같은 규격이기 때문에 두 사람이 대나무 막대기로 어깨에 매고 운반하거나 또는 로프를 사용하여 두 상자씩 자전거에 매달 수 있었습니다.

보이지 않는 숲 속에서 기다리고 있던 자전거, 자동차, 그리고 트럭에 상자들을 실었습니다. 가득 싣자마자 그것들은 신속하게 목적지를 향해 달려갔습니다.

    브라더 앤드류

　2시간 이내에 모든 상자들은 바지선에서 내려졌고, 오후 11시에 미가엘과 가브리엘라는 공해상으로 빠져나갔습니다. 새벽 1시에 해변은 깨끗해졌습니다. 모든 사람들이 나무 밑에서 열심히 작업을 함으로써 새벽 3시에 화물의 3분의 2가 내륙을 향해 운반되어 갔습니다.

　바로 그때, 중국 군인들이 나타나 나무 밑에서 작업을 하고 있던 수백 명을 덮쳐 그들 중 많은 사람들을 체포했습니다. 그들은 남아 있는 모든 성경책을 몰수하여 불태우려고 했습니다. 그러나 연료가 없이는 성경책들이 쉽게 타지 않았습니다. 그래서 군인들은 성경책들을 바다에 던졌습니다.

　분명히 어떤 어부들이 해변에서 짐을 옮기는 것을 보고 당국에 신고를 했을 것입니다. 그러나 어두움 속에서 군인들은 나무숲에 숨겨둔 많은 성경책들을 찾지 못했습니다. 나중에 중국 크리스천들이 그것을 회수했습니다. 체포된 대부분의 사람들도 석방되어졌습니다.

　다른 상자들은 해안 지역 주민들에게 발견되어졌는데, 그들은 돈을 받고 팔려고 그것들을 집으로 가져가 숨겼습니다. 그들은 크리스천들이 아니었기 때문에 그들의 집은 수색 당하지 않았고 나중에 교회는 10센트씩 주고 그것들을 다시 사올 수 있었습니다.

　군인들이 해변에서 성경책들을 불태우려 노력하고, 사람들을 체포하느라 바빴기 때문에 수백 대의 자전거, 자동차, 그리고 다른 운송 수단들을 추적하지는 못했습니다. 그것들은 귀한 성경책들을 싣고 사방으로 흩어졌습니다. 어떤 성경책들은 4,800km나 여행하여 중국 전역에 있는 가정교회로 전달되어졌습니다.

　바다에 던져 넣은 성경책들은 어떻게 되었을까요? 그 다음 날 아침에 그 지역의 어부들이 그것들을 회수하여, 며칠 동안 스와토우 근처에서 검은 표지의 성경책들을 햇볕에 말리느라 지붕 위에 널려있는 것이 목격되어졌습니다.

14

러시아를 위한 100만 권의 성경책들

앤드류의 책 「하나님의 밀수출자」는 거대한 성공을 거두었습니다. 그것은 지금도 발행 중에 있으며 1,000만 권 이상이 팔렸습니다. 그리고 그것은 앤드류와 "오픈도어선교회"의 사역에 믿을 수 없는 축복을 가져다 주었습니다.

그 책의 로얄티와 독자들이 보내 준 많은 선물들 때문에, "오픈도어선교회"가 사무실과 창고를 구입하고, 더욱 많은 선교사들을 파송하며, 여러 가지 언어로 된 성경책들과 기독교 서적들을 발행하거나 구입할 수 있었고, 성경책들을 운반할 수 있는 보다 많은 차량들을 구입할 수 있었으며, 그것들을 주문 받아서 만들고 유지할 수 있는 장비들을 보유할 수 있었고, "진주 프로젝트"와 같은 보다 큰 꿈을 실현시키는데 필요한 자원들을 조달할 수 있었습니다.

그러나 그 책이 앤드류에게 가져다 준 명성이 오히려 방해가 되기도 했습니다. 그는 수년 동안 공산국가들을 다시 방문할 수 없었습니다. 그 자신과 그가 접촉하는 크리스천들을 큰 위험에 빠뜨리게 될 것이기 때문이었습니다. 그것이 잠시 동안 앤드류를 낙심하게 만들었습니다.

그는 자신과 코리가 그들의 사역 팀이 2명에서 12명으로, 그리고 수천 명으로 성장시키기 위해서 어떻게 기도했는지를 기억했습니다. 공산국가에서 그 사역을 수행하고 확장시키기 위해서는 다른 사람들을 찾지 않을 수가 없었습니다. 그래서 그는 자기가 접촉했던 사람들을 돌보고, 믿음을 지키기 위해 투쟁하고 있는 크리스천들을 격려하기 위해서 새로운 사역자들을 모집했습니다.

그러나 하나님께서는 앤드류를 위해서 어떤 계획을 가지고 계셨을까요? 하나님께서는 그에게 "그렇다. 나의 교회는 철의 장막 뒤에서 고난을 받고 있습니다. 그러나 나의 교회는 다른 나라에서도 마찬가지로 고난을 받고 있습니다. 너는 그런 지역에도 찾아갈 필요가 있다!" 라고 말씀하셨습니다. 앤드류는 고통을 당하고 있는 다른 지역들을 방문하기 시작했습니다. 그 곳에서도 하나님의 백성들은 그들의 믿음 때문에 박해를 받고 있었습니다. 그 곳은 중국, 아프리카, 중앙 아메리카, 그리고 중동 등이었습니다.

정말로 할 일이 많았습니다. 그러나 1980년대에 동유럽에 대한 공산주의의 장악력이 떨어지기 시작하자 여행 제한 조치가 풀리면서 냉전의 이념이 녹기 시작했습니다. 옛 철의 장막 뒤에서 살고 있는 형제자매들에 대한 앤드류의 관심은 여전히 계속되었습니다. 그러나 많은 사람들이 여전히 투옥을 당하며, 수백만 명의 사람들이 공개적으로 예배를 드릴 수가 없었습니다.

어느 날, 일종의 비밀 외교관인 네덜란드 사업가가 앤드류와 "오픈도어선교회"에게, 미국과 소련의 지도자들이 개인 자격으로 모여 인권에 대해 공개적으로 토론하는 비공식적인 회의를 조직하라고 요청했습니다. 앤드류는 그 기회를 믿을 수가 없었습니다. 유명한 성경 밀수출자였던 그가 소련의 가장 중요한 공산당 지도자들을 포함하는 회의를 조직하라는 요청을 받았던 것입니다.

앤드류는 자기가 누구인지, 또는 자기가 무엇을 믿고 있는지 숨기려 하지 않았습니다. 사실 그는 회의를 거행하는 장소에 「하나님의 밀수출자」를 포함하여 무료 성경책과 기독교 서적들을 비치해 놓았습니다.

어느 날, 소련의 비밀 경찰인 KGB 요원이 테이블 위에 비치된 서적들을 둘러보고는 앤드류에게 리더십에 관한 책에 사인을 해 달라고 요청했습니다.

"좋으시다면 기꺼이 해 드리겠습니다." 앤드류는 미소를 띠며 말했습니다. "나의 다른 책인 「하나님의 밀수출자」에도 사인을 해 드리겠습니다!"

"그럴 필요는 없습니다." 그 남자는 퉁명스럽게 말했습니다. "우리는 모두 모스크바에 있는 서가에 그 책을 가지고 있습니다." KGB에서도 그 책을 읽었던 것입니다.

그 회의에서 앤드류의 역할은 공식적인 참여자가 아니라 조직위원이요 주최자였습니다. 그러나 회의 기간 내내 그는 두 가지 문제에 대해서 생각하지 않을 수 없었습니다. 첫 번째는 소련에 성경책이 계속적으로 필요하다는 것과, 두 번째는 그들의 믿음 때문에 강제 노동 수용소와 감옥과 정신병원에 갇혀 있는 400명의 죄수들 명단이었습니다.

회의가 끝나갈 무렵, 앤드류는 일어서서 말했습니다. "간략하게 연설을 한 마디 하고 싶습니다." 모든 사람이 그를 쳐다보았습니다. 그는 모든 종류의 청중들 앞에서 수도 없이 연설을 했지만 이번에는 특별히 신경이 쓰였습니다. 왜냐하면 소련 역사상 한번도 없었던 일을 제안하려 하기 때문이었습니다. 볼셰비키 혁명 이전에도 성경책은 금지되었었습니다. 그 이후로 당국에 의해서 발견되어진 모든 성경책들은 파괴되어졌습니다. 그러나 앤드류는 하나님의 지시를 따르고 있다고 믿었습니다.

잠깐 묵도를 드린 후, 그는 각국 대표자들에게 그가 수년 동안 전세계에 돌아다니면서 한 말을 또다시 하기 시작했습니다. 그 백성들이 자유롭게 선택하지 않은 정치적 체제나 종교적 체제 하에서 살아야만 하는 나라는 결코 행복할 수 없었습니다. 그는 다음과 같이 말했습니다

"그것은 소련 국민들에게 있어서도 마찬가지입니다. 만약에 그들이 공산주의의 대안, 즉 예수 그리스도에 접할 수 없다면 그들은 결코 행복할 수 없을 것입니다." 그 곳에 참석한 모든 사람은 그가 성경 밀수출자라는 사실을 알고 있었습니다. 그래서 그는 주저하지 않고 말했습니다.

"나는 어떤 방법을 써서라도 계속해서 소련에 성경책을 보낼 것입니다. 교회의 모든 사람이 성경책을 가지고 있고, 학교의 모든 사람들이 성경책을 가지고 있고, 또 모든 서점에 성경책이 있어서 누구든지 걸어가 하나님의 말씀을 구입할 수 있을 때까지 나는 그 일을 할 것입니다!"

처음에는 아무런 반응이 없었습니다.

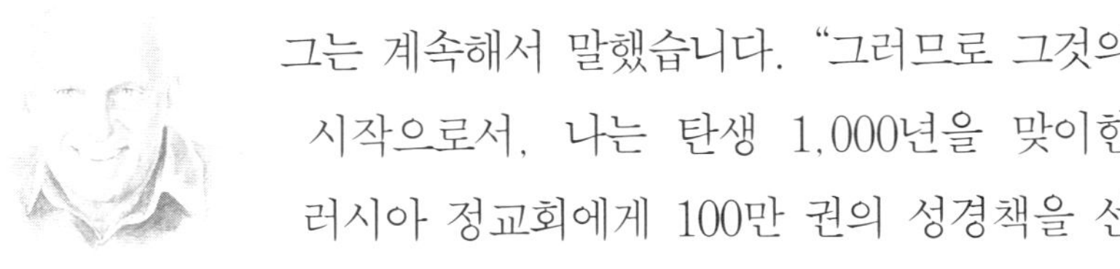

그는 계속해서 말했습니다. "그러므로 그것의 시작으로서, 나는 탄생 1,000년을 맞이한 러시아 정교회에게 100만 권의 성경책을 선물로 제공할 것입니다!" 앤드류는 계속해서 400명의 죄수들의 목록에 대해서도 언급했습니다. 그리고 회의에 참석한 소련 지도자들이 그들 모두를 석방해 줄 것을 촉구했습니다. "예수님께 대한 믿음 때문에 단 한 사람이라도 감옥에 갇혀있는 한 나는 자유롭지 못합니다! 죄수들이 모두 석방될 때까지 우리는 멈추지 않을 것입니다. 매우 많은 성경책들이 공급되어질 때까지 오픈도어선교회는 멈추지 않을 것입니다. 모든 죄수들이 석방되어지고 성경책을 원하는 모든 사람들이 성경책을 구입할 수 있을 때까지 우리는 계속할 것입니다!"

그것은 감동적인 연설이었습니다. 그리고 놀랍게도 소련 대표단의 반응은 긍정적이었습니다. 회의 말미에 기자들과 브리핑을 하는 자리에서, 소련 대통령 미하일 고르바초프의 가장 가까운 고문들 중 한 사람이 100만 권의 성경책을 전달하려는 앤드류의 제안에 박수갈채를 보냈습니다. 그는 다음과 같이 말했습니다.

"거기에는 아무런 문제가 없습니다. 성경은 종교적인 책일 뿐만 아니라 위대한 문화와 도덕적 가치를 지닌 책입니다. 나 자신도 집에 성경책을 가지고 있습니다!"

안드레이 그라체프라는 이름을 가진 KGB의 장군은 대표단이 작별인사를 할 때에 앤드류와 악수를 나누었습니다. 그는 미소를 지으며 말했습니다.

"앤드류, 100만 권의 성경책을 환영합니다. 그러나 중국에서 했던 것처럼 하루밤 사이에 그 모든 일을 하지는 마십시오!"

앤드류는 웃었습니다. "걱정하지 마십시오, 안드레이. 절대로 그렇게 하지 않을 겁니다!"

그 다음 해에 10만 권의 신약성경을 실은 배가 처음으로 소련으로 들어갔습니다. 20년 동안 소련에 가지 못했던 앤드류는 공식적인 행사에서 발표를 하기 위해 갔습니다. 모든 환경이 분명하게 변하고 있었습니다.

그 후, 몇 년 동안에 소련이 붕괴되었을 뿐만 아니라, 베를린 장벽이 무너졌고, 동독과 서독이 통일되었고, 동유럽 전역에서 공산주의 체제가 종식되었습니다. 많은 나라들에서 크리스천들은 과거의 억압적인 정부를 무너뜨리고, 민주주의로 나아가게 만든 민중 봉기의 중심에 있었습니다.

얼마나 많은 크리스천들이 하나님의 밀수출자가 된 그 네덜란드 사람의 사역으로부터 받은 격려와 도움 때문에 그들의 믿음을 지켰는지는 오직 하나님만이 아실 것입니다.

그러나 공산주의의 영향력은 여전히 세계 도처에 남아있습니다. 그것이 통치하는 곳마다 브라더 앤드류와 오픈도어선교회는 박해받는 크리스천들을 격려하는 그들의 사역을 계속할 것입니다.

오늘날 브라더 앤드류는 이전의 공산국가들로부터 관심을 돌려 아랍의 무슬림 세계의 크리스천에 대한 박해에 대응하고 있습니다.

1970년대 후반 어느 날, 회의에서 어떤 중동 사람이 앤드류에게 접근했습니다. 그리고는 "브라더 앤드류, 당신은 언제 이란에 있는 교회들을 방문할 것입니까?" 라고 물었습니다. 앤드류는 그 무슬림 국가에 교회가 있다는 사실을 알지 못했습니다. 그러나 그는 곧 사실을 알게 되었습니다.

1981년에 그와 그의 파트너 요한은 이란으로 여행하여 그곳에 있던 크리스천들을 만나서 격려했습니다. 그 당시는 그 나라의 역사상 가장 큰 혼란기였습니다. 1979년 11월에 이란은 테헤란 미국 대사관에서 66명의 인질들을 잡았고, 400일 이상 그들을 포로로 억류했습니다. 그들은 앤드류와 요한

이 도착하기 직전인 1981년 1월에 인질들을 석방했습니다.

아야톨라 호메이니는 권력의 정점에 있었습니다. 이란은 이라크와 전쟁을 했습니다. 국가적인 혼란이 공항의 상황에도 반영되어지고 있었습니다. 수백 명의 사람들이 수 시간 동안 그들의 짐을 기다리면서 때로는 싸우고, 야유하고, 욕설을 퍼부었습니다. 도시에서는 신호들이 파괴되어 교통 사고와 교통 체증이 야기되었습니다. 마침내 그들은 목적지, 즉 작은 건물에 들어 있는 교회에 도착할 수 있었습니다. 광장 건너편에 있는 사원에서는 백만 명 정도의 무슬림들이 매주 금요일마다 기도를 했습니다.

앤드류는 크리스천들이 어려운 상황에 대해서 불평을 할 것이라고 예상했지만 성도들은 다음과 같이 말했습니다.

"하나님께서는 좋으신 분입니다. 혼란 때문에 우리는 같은 허가증으로 5번이나 성경책을 인쇄할 수 있었습니다!" 사회적인 격변기였기 때문에 더욱 많은 무슬림들이 교회에 참석하여 예수님에 대한 말씀을 들을 수가 있었습니다.

앤드류가 여행을 마치고 집으로 돌아왔을 때, 그는 나머지 인생은 전세계에 있는 무슬림 국가들의 교회를 위해 바치겠다고 결심했습니다.

1980년대에 앤드류는 전쟁으로 파괴된 레바논을 여러 번 방문했습니다. 그는 수상과 대통령과, 그리고 내전으로 서로 싸우는 많은 장군들에게 성경책을 보냈습니다.

어느 날, 베이루트로 비행기를 타고 가는 도중에 앤드류는 일등석에 앉아 있는 어떤 사람을 주목했습니다. 그는 터번을 쓰고 있었으며, 경호원들이 그를 보호하고 있었습니다.

앤드류는 그 사람을 위해 기도하기 시작했습니다. 그리고 하나님께 그와 대화를 나눌 수 있는 기회를 마련해 달라고 기도했습니다. 그는 그 사람을 지나쳐서 화장실에 갔습니다. 자기 자리로 돌아오는 도중에 그 사람과 대화를 나눌 수 있게 되었습니다.

그들은 잠시 동안 대화를 나누었습니다. 그 사람은 레바논의 수니파 무슬림들의 영적 지도자인 그랜드 무프티였습니다. 앤드류는 그에게 「하나님의 밀수출자」 한 권을 주었습니다. 그러자 그랜드 무프티는 앤드류를 그의 사무실로 초대했습니다.

그것은 앤드류가 원하던 것이었습니다. 그것은 이 무슬림 지도자와 더 많은 대화를 나눌 수 있는 기회를 제공해 줄 것입니다. 그랜드 무프티의 저택은 동베이루트 중심에 있었습니다. 앤드류가 다가가자 그랜드 무프티는 인사를 하며 "앤드류, 나는 날마다 저녁을 먹은 후에 나의 자녀들에게 당신이 내게 준 책을 읽어주었습니다!" 라고 말했습니다.

　그들은 평화의 꿈에 대해서 대화를 나누었고, 앤드류는 그에게 성경책을 주었습니다. 그랜드 무프티는 진지하게 예수님에 대해서 이야기했습니다. 앤드류는 다시 한번 더 그와 더불어 대화를 나누기를 소망했습니다. 그러나 6주 후에 그랜드 무프티와 그의 경호원들은 차량 폭탄에 의해 죽음을 당했습니다.

　앤드류는 야세르 아라파트에게도 성경책을 선물했습니다. 그리고 PLO의 의장과 더불어 잠시 동안 예수님에 대해서 대화를 나누었습니다. 그는 팔레스틴에도 많은 크리스천들이 있다는 사실을 알게 되었습니다. 앤드류가 팔레스틴의 크리스천들과 대화를 나눌 기회를 얻게 되었을 때, 그는 다음과 같이 말했습니다.

　"그들은 나에게 그들의 고통, 특히 서구 교회로부터 그리스도의 몸의 일부로 인정받지 못하는 고통에 대해서 말했습니다. 서구의 크리스천들은 이스라엘과 또 성경적 예언에 있어서 이스라엘의 위치에 대해서만 집착한 나머지 아랍권의 85%를 차지하고 있는 이스라엘 내의 교회는 완전히 무시하고 있다고 말했습니다. 그 곳의 크리스천들은 외로움과 버림받았습니다는 느낌과 배신당했다는 느낌을 받고 있습니다."

어느 날, 앤드류는 크리스천 TV 쇼에서 인터뷰를 하고 있었습니다. 그는 사회자에게 공산주의자들과 무슬림들은 우리의 적이 아니라고 말했습니다. 그러자 사회자가 물었습니다. "앤드류 씨, 만약에 그 사람들이 우리의 적이 아니라면 누가 우리의 적입니까?"

"사탄이지요!" 앤드류는 대답했습니다.

"결코 사람이 아닙니다!"

그는 우리가 사람을 적으로 생각하는 한 그들을 사랑할 수 없다고 말했습니다. 하나님의 사랑을 나누는 것이 브라더 앤드류의 사역이 항상 추구하는 바였습니다.

오늘날 앤드류는 네덜란드에서 아내 코리와 함께 살고 있으며, 5명의 자녀들과 4명의 손자들이 있습니다. 비록 70세가 넘었을지라도 브라더 앤드류는 조금도 위축되지 않았습니다. 그는 무슬림 세계에 남아 있는 교회를 격려하고 강화하기 위한 비전을 추구하면서 여전히 많은 여행을 하고 있습니다.

그는 다음과 같이 말했습니다. "하나님께서는 내가 이스라엘을 위해서 기도하고, 또 그 곳에 있는 우리의 네트워크를 강화시키기를 원하신다고 믿습니다. 그러나 요즈음에는 내가 이스라엘을 위해 할 수 있는 최선의 일은 그들의 적을 그리스도에게로 인도하는 것이라는 생각이 듭니다. 그래서 나는 계속해서 기도하며 중동과 북아프리카 전역을 여행하면서 복음을 전하고 다리를 놓으려 합니다!"

브라더 앤드류는 집에 있을 때에는 날마다 네덜란드의 제방과 해변을 걷습니다. 그는 그 나라의 모든 제방과 해변을 걷고 싶어합니다.

길을 걸을 때에는 마치 소년처럼 달리면서 앤드류는 많은 것을 기억해 봅니다. 바다를 응시하면 하나님의 능력과 위대성을 느끼게 됩니다.

"그러나 아직도 할 일이 많습니다. 마치 제방을 돌보는 일처럼 복음을 전하는 일도 결코 끝이 없는 것 같았습니다!"

그는 살아 있는 한 "하나님께서 인도하시는 곳이라면 어디라도 가서 나의 역할을 계속할 것입니다!" 라고 말합니다. 하나님의 밀수출자로써 세계적으로 알려진 사람에게 있어서는 그것은 그의 인생의 가장 큰 모험이었습니다.

유명한 지도자들의 삶을 가까이 그리고 자세히 들여다봅시다.
'꿈과비전시리즈'는 역경을 극복하고 오늘의 영웅이 된 평범한 사람들의 이야기를 담고 있습니다.
어린이·청소년들은 이 용기 있는 사람들의 감동적인 이야기를 읽으며 꿈과 비전을 품게 될 것입니다.

크게 생각하라(씽크빅)의 저자

벤 카슨

흑인 빈민가 출신의 열등생이 세계적인 의사로 성공!

세계 최초로 샴 쌍둥이 분리 수술과
기적적인 수술들을 성공한 씽크빅 의사의 삶

메이저리그 최고의 투수

데이브 드라베키

의사가 나쁜 소식을 전했지만 당당하게 메이저리그로 컴백!

암과 왼팔 절단이라는 인생의 가장 힘든 도전을
믿음과 용기로 극복해낸 슈퍼스타의 삶

하나님의 밀수출자

브라더 앤드류

공산주의 나라들과 무슬림 나라들에 목숨 걸고 복음 전파!

수백만 권의 성경책을 공산주의 나라들과
무슬림 나라들에 목숨 걸고 복음 전한 모험가의 삶

저자 **그레그 루이스**(Gregg Lewis)는 40권 이상의 책을 저술, 혹은 공동 저술했으며 많은 상을 수상했다. 저서로는 벤 카슨 박사와 공동 저술한 「위대한 그림」과 캐롤린 마틴과 공동 저술한 「걷지 못하면 춤을 추어라」(비전북출판사) 등이 있다.

데보라 쇼 루이스(Deborah Shaw Lewis)는 10권이 넘는 책을 출간한 저자와 교사로서 일해 왔다. 전문적인 이야기 작가이기도 하며, 모성 권리와 가족 문제에 관심이 많고 유아기 아동 발달 부문에서 석사 학위를 받았다. 그녀와 그레그는 다섯 아이들의 부모다.

역자 **홍원팔**은 기독교 출판계에서 20여 년 가까이 번역을 해 온 전문 번역자로서 보문출판사, 임마누엘출판사, 알돌기획, 도서출판 서로사랑에서 번역 일과 편집장 등을 역임했다.

비전북 출판사는 오직 믿음으로만 살았던 개혁 신앙을 계승 발전시키고
다시 오실 주님의 길을 예비하는 마음으로 21세기에도 역동적인 신앙을 세우는데
꿈과 비전을 품고 예배와 삶의 일치를 이루는 출판 공동체입니다.

브라더 앤드류

저자 : 루이스 부부 / 역자 : 홍 원 팔
발행처 : **비전북출판사**
전화 : (02)966-3090 / 팩스 : (02)3293-6620
공급처 : **비전북**
전화 : (031)907-3927 / 팩스 : (080)403-1004

값 4,000원

예배와 삶의 일치